Numerologia dos Anjos

Prática Divina para Elevar sua Vibração com os Arcanjos

Leeza Robertson

Numerologia dos Anjos

Prática Divina para Elevar sua Vibração com os Arcanjos

Tradução:
Soraya Borges de Freitas

MADRAS

Publicado originalmente em inglês sob o título *The Divine Practice of Angel Numbers: Raise Your Vibration with the Archangels,* por Llewellyn Publications Woodbury.
© 2022, Llewellyn Publications Woodbury.
Direitos de edição e tradução para o Brasil.
Tradução autorizada do inglês.

© 2023, Madras Editora Ltda.

Editor:
Wagner Veneziani Costa (*in memoriam*)

Produção e Capa:
Equipe Técnica Madras

Ilustração da p. 31
Mary Ann Zapalac

Tradução:
Soraya Borges de Freitas

Revisão da Tradução:
Jefferson Rosado

Revisão:
Ana Paula Luccisano
Neuza Rosa

Dados Internacionais de Catalogação na Publicação (CIP)
(Câmara Brasileira do Livro, SP, Brasil)

Robertson, Leeza
Numerologia dos anjos : prática divina para elevar sua vibração com os arcanjos / Leeza Robertson ; [tradução Soraya Borges de Freitas]. --
1. ed. - São Paulo : Madras Editora, 2023.
Título original: The Divine Practice of Angel Numbers.
ISBN 978-65-5620-054-5
1. Anjos 2. Arcanjos 3. Simbolismo dos números I. Título.

23-142419 CDD-235.3

Índices para catálogo sistemático:
1. Arcanjos : Cristianismo 235.3
Aline Graziele Benitez - Bibliotecária - CRB-1/3129

É proibida a reprodução total ou parcial desta obra, de qualquer forma ou por qualquer meio eletrônico, mecânico, inclusive por meio de processos xerográficos, incluindo ainda o uso da internet, sem a permissão expressa da Madras Editora, na pessoa de seu editor (Lei nº 9.610, de 19/2/1998).

Todos os direitos desta edição, em língua portuguesa, reservados pela

MADRAS EDITORA LTDA.
Rua Paulo Gonçalves, 88 — Santana
CEP: 02403-020 — São Paulo/SP
Tel.: (11) 2281-5555 – (11) 98128-7754
www.madras.com.br

Este livro é para todos aqueles que olham para baixo e não encontram nada além de penas guiando-os em seu caminho.

• • • • • • • • • • • • • • • • • •

Nota do editor internacional:

A Llewellyn Worldwide Ltda. não participa, endossa, nem tem qualquer autoridade ou responsabilidade a respeito das transações comerciais privadas entre nossos autores e o público.

Quaisquer referências à internet neste livro estão atualizadas no momento da publicação, mas o editor não pode garantir que um *site* específico continue a ser mantido.

Índice

Agradecimentos..9
Termo de Responsabilidade..11
Introdução..13

Capítulo 1: 000 ~ Arcanjo Metatron
Ativação de Possibilidades Infinitas para Sua Vida.......39

Capítulo 2: 111 ~ Arcanjo Miguel
Ouse Liderar em uma Nova Era.....................................49

Capítulo 3: 222 ~ Arcanjo Jofiel
Traga a Energia da Chama Gêmea..................................59

Capítulo 4: 333 ~ Arcanjo Haniel
Deixe Seu Coração Ser a Música para Seus Ouvidos 69

Capítulo 5: 444 ~ Arcanjo Samael
Desprenda-se das Lentes das Limitações do Ego............79

Capítulo 6: 555 ~ Arcanjo Uriel
Desapegue e Confie na Mudança....................................89

Capítulo 7: 666 ~ Arcanjo Ariel
Ama a Ti Mesmo como Nós o Amamos.........................99

Capítulo 8: 777 ~ Arcanjo Raziel
O Desconhecido é Seu Guia; Confie Nele..109

Capítulo 9: 888 ~ Arcanjo Raguel
Você Está Atualmente no Fluxo da Abundância Divina..................121

Capítulo 10: 999 ~ Arcanjo Rafael
A Energia de Cura Está ao seu Redor..131

Capítulo 11: 1010 ~ Arcanjo Gabriel
Você É Uno com Tudo...141

Capítulo 12: 1111 ~ Arcanjo Sandalfon
Faça um Pedido, o Universo Está Escutando......................................151

Capítulo 13: 1212 – Arcanjo Zadikiel
Use a Apreciação para Expandir até a Ascensão 163
Conclusão 173

Agradecimentos

É preciso uma comunidade para colocar um livro no mercado, e esta obra nunca teria visto a luz do dia sem minha pequena comunidade. Obrigada a toda a equipe da Llewellyn, que fez deste título o que ele é hoje, com um agradecimento especial a Angela Wix por me dar uma chance. Um enorme agradecimento à minha revisora, Laure, que pega minhas palavras cruas e as lapida para se tornarem gemas brilhantes. E, o mais importante, agradeço a vocês, caros leitores, porque sem vocês comprando minhas publicações, eu não conseguiria continuar a escrevê-las. E um sincero agradecimento à minha esposa, que é minha maior líder de torcida e suporte constante.

Termo de Responsabilidade

Este livro não pretende dar recomendações médicas, legais ou sobre saúde mental, nem tomar o lugar de aconselhamento e tratamento do seu principal prestador de cuidados à saúde. Os leitores são aconselhados a se consultarem com seus médicos ou outros profissionais de saúde qualificados a respeito do tratamento de seus problemas médicos ou de saúde mental. Nem o editor nem a autora têm qualquer responsabilidade por quaisquer possíveis consequências por algum tratamento a qualquer pessoa que lê ou segue a informação desta obra.

Introdução

Você já ouviu a piada sobre a mulher que entra em sua cozinha e encontra 12 arcanjos fazendo sanduíches? Não, nem eu, porque não foi uma piada, e essa mulher era eu. Lembro-me daquela manhã de primavera em 2009 como se fosse ontem. Estava meditando e fazendo algum trabalho de cura com um cliente, quando entrei na minha cozinha e vi 12 anjos fazendo sanduíches. O arcanjo Uriel olhou por cima do sanduíche que preparava, sorriu, acenou e disse: "Oi", então continuou a fazer seu lanche. Quando me deparei com essa gangue de pessoas na minha cozinha pela primeira vez, achei que alguém tinha invadido minha casa. Veja, eles não tinham asas nem quaisquer marcas para indicar que eram de fato anjos, nem eram transparentes. Eles pareciam pessoas comuns que vemos no cotidiano. Então comecei a gritar e procurar por algo para usar como uma arma. O mais estranho é que Uriel estava com a faca mais afiada que eu tinha. Então vi: o ardor e a luz de suas auras. Calei-me e voltei para meu quarto. Sentei-me por uns dois minutos e voltei para a cozinha. Não havia ninguém lá. Todos tinham sumido, ou assim eu achava, até Uriel me dar um tapinha no ombro e dizer: "Nós precisamos conversar".

Esse foi o dia em que achei ter finalmente pirado. Eu realmente acreditava que tinha enlouquecido e entrado em uma ilusão fantástica para escapar de toda a dor que tinha me recusado a processar na minha vida. Por ter estudado a mente e a psicanálise por mais de 20 anos, decidi que, se eu fosse enlouquecer, o mínimo que poderia fazer era documentar isso e ver o que aconteceria quando meu cérebro se separasse em dois. Em um nível eufórico perverso, contudo, eu estava bem animada. Ai de mim, minha bolha estourou rápido demais. No fim, não estava perdendo meu contato com a realidade, o que, para ser honesta, tornou o que aconteceu depois, ao longo dos quatro meses seguintes, algo ainda mais difícil de lidar. Não estava errada sobre a necessidade de lidar com minha dor, no entanto, um daqueles 12 anjos estava prestes a me levar ao inferno e me trazer de volta, e repetir o processo, até eu lidar com a dor reprimida. Esse anjo era o Arcanjo Uriel.

Comecei a trabalhar com Uriel muito antes dessa encarnação física específica, e outra vez ele está aqui comigo, durante esta volta do sol, a cada passo do caminho. Ele esteve presente desde meu nascimento traumático até meu primeiro encontro com a morte aos cinco anos de idade, por todo o meu primeiro casamento, que foi abusivo, e até me protegeu quando desmaiei bêbada em um beco escuro em um dos subúrbios da minha cidade natal, em Melbourne, Austrália. Uriel esteve comigo durante todos esses momentos, inclusive nos nascimentos dos meus três filhos. Com toda a honestidade, ele é o motivo por eu ainda estar de pé. Sempre que o vento tentou me derrubar, ele me segurou, sacudiu a poeira de mim e me recolocou de pé com todo amor. Embora eu tenha ignorado sua presença por uma boa parte desta encarnação específica, ele permaneceu ao meu lado, protegeu-me e me levantou depois de cair. Isso é amor na sua forma mais pura e divina. Ele é eu e eu sou ele; nossas energias estão conectadas, quer eu goste, quer não, e às vezes não gosto. Mas, tudo bem, porque ele não liga; não reclama nem se ofende. Ele apenas está lá, sempre. Sim, é bem difícil ignorá-lo.

Acho importante destacar algo aqui no começo. Os anjos não têm um gênero em si, nem são físicos. Embora certamente apareçam dessa forma às vezes, eles são apenas uma energia vibracional ou aspectos da energia da Fonte. Aparecem de uma forma que faça sentido para nós ou de um jeito que se alinhe de maneira coesa ao modo como nos alinhamos com sua energia vibracional. Por isso Uriel se apresenta como uma energia masculina para mim. Ele é a energia masculina mais dominante na minha vida. Sua aparência é a de um homem, a sensação que ele me causa é de um homem e ele só tem amor masculino por mim. No entanto, nem todos sentirão as vibrações de Uriel sempre da mesma forma.

Essa é uma das coisas mais interessantes no trabalho com essa energia que denominamos "angélica", porque todos temos relações bem exclusivas com ela. Aquilo em que acreditamos, nossa visão de mundo, onde nascemos e as práticas espirituais que temos, tudo isso influencia o modo como nos conectamos com os anjos. Agora, não digo isso para que você se exalte, nem para dizer que suas crenças estão erradas. Estou apenas abrindo a porta para aqueles que ainda precisam construir uma relação forte, segura e estável com a energia que chamamos de anjos. Se você já está trabalhando com os anjos e se sente bem com o que vê, experimenta e como interage com eles, fabuloso, continue fazendo isso! Para os novatos, tudo o que peço é para se manterem abertos. Deixem os anjos se apresentarem de uma forma que se alinhe mais com vocês. Não se preocupem se não for o que outros livros dizem, inclusive este. Apenas seja receptivo e deixe os anjos guiá-los.

Uriel é de muitas formas meu anjo de partida, ou seja, o anjo com quem comecei, e, depois, aos poucos passei a trabalhar com os outros. Essa pode ter sido sua experiência também. Você pode ter se visto mais atraído por um anjo do que pelos outros e, por meio dele, passou a explorar com quais outros anjos poderia trabalhar. O anjo pelo qual você sente a maior atração, ou aquele que vê várias vezes, é seu anjo de partida. Eles são seus guias para a nova energia que varre o planeta, a nova energia que os anjos chamam de energia de ascensão. Ela se acumula desde que entramos na Era de Aquário. Resumindo, a energia da ascensão é um novo nível de consciência. É o empurrão dos anjos para nos levar a um estado de despertar e nos fazer assumir nossos eus divinos e começarmos a viver a vida de uma nova perspectiva expandida, em vez da perspectiva limitada do ego na qual vivemos durante a Era de Peixes. Estar disposto a caminhar com os anjos nessa jornada de ascensão não só beneficiará cada um de nós como indivíduos, mas também o planeta e toda a humanidade.

O que Você Encontrará Aqui

O material neste livro é apenas uma das muitas formas com as quais eles, os anjos, o ensinarão a prestar atenção na presença deles e nas suas lições de ascensão. É uma forma para eles abrirem a porta e entrarem em nossas vidas devagar e com suavidade. Você poderia dizer que isso nos permite ter uma sensação deles sem ter que assumir um compromisso real com qualquer anjo em particular. Este livro é preparado de maneira a permitir que você fique mais atento à forma com a qual a energia angélica se apresenta na nossa vida cotidiana, bem como um modo de apresentá-lo a alguns anjos diferentes. Nesta obra, há um total de 13 anjos, e todos eles "parecem" diversos, têm diferentes mensagens, além de lições e orientações distintas que podem compartilhar conosco se nós permitirmos.

Aqui há uma lista dos anjos que você encontrará neste livro e as lições de ascensão que eles querem ensinar:

- Arcanjo Metatron – Ativar as possibilidades infinitas na sua vida.
- Arcanjo Miguel – Ouse liderar em uma nova era.
- Arcanjo Jofiel – Traga a energia da chama gêmea para aprofundar seus relacionamentos.
- Arcanjo Haniel – Deixe seu coração ser a música para seus ouvidos.
- Arcanjo Samael – Desprenda-se das lentes da limitação do ego.
- Arcanjo Uriel – Desapegue e confie na mudança.
- Arcanjo Ariel – Ame a si mesmo como nós o amamos.
- Arcanjo Raziel – O desconhecido é seu guia, confie nele.
- Arcanjo Raguel – Você está atualmente no fluxo da abundância divina.
- Arcanjo Rafael – A energia de cura está ao seu redor.
- Arcanjo Gabriel – Você está unificado com tudo.
- Arcanjo Sandalfon – Faça um pedido, o Universo está escutando.
- Arcanjo Zadikiel – Use a apreciação para expandir para a ascensão.

Cada uma dessas energias angélicas se alinhou com um conjunto de números, e os anjos fizeram isso sozinhos; não pedi para eles fazerem. Eu apenas lhes perguntei que lição eles queriam ensinar, e é aí que eles foram colocados. Também perguntei como queriam usar os números de uma forma que fosse a mais útil. Por isso você verá que nos concentramos principalmente em combinações de três números. Não sou a primeira pessoa a usar dígitos triplos em relação aos anjos e tenho plena certeza de que não serei a última. Não posso comentar sobre como os outros chegaram a seus números, mas os arcanjos e eu utilizamos a numerologia como nosso guia para este livro, basicamente porque eu mesma uso a numerologia como parte da minha prática espiritual. É um sistema numérico com o qual estou familiarizada e estudo desde 2007. Você, no entanto, não precisa conhecer a numerologia para trabalhar com os números neste livro. Apenas quisemos apresentar um pequeno histórico sobre como esses números apareceram para o nosso trabalho juntos, especialmente quando alguns podem representar uma lição que você normalmente não associa a eles. Pense no número 666. Ora, sei que muitos de vocês têm algumas crenças pessoais a respeito desse número, nenhuma das quais combinará com o modo como falamos a respeito dele neste livro. Isso ocorre porque nós – os anjos e eu – estamos usando a numerologia como nosso decodificador de mensagem. O número seis na numerologia significa algo específico, e essa energia é ampliada aqui no capítulo sobre o 666.

Você não encontrará todas as combinações numéricas neste livro, mas irá se deparar com aquelas que são mais benéficas para você, sua vida e sua habilidade de permanecer alinhado com a energia angélica de ascensão.

Aqui estão os principais números, os quais os anjos querem que você foque neste livro:

- 000 – Tudo é possível neste momento; você só precisa ativar meu cubo e ver quais portais de possibilidades ele abre.
- 111 – É hora de avançar, baixar sua resistência e ir para um papel de liderança centrado no coração em uma ou mais áreas da sua vida.
- 222 – Você está sendo envolvido pelas asas do Arcanjo Jofiel enquanto ele o impregna com a energia da chama gêmea.
- 333 – A linguagem do coração é muito mais divertida do que a maioria das palavras que você escuta com seus ouvidos. Ouça as batidas, curta o ritmo e dance do seu jeito com as vibrações mais agradáveis.

- 444 – O ego sempre foca o que não tem ou o que pode ser tirado dele, e isso limita sua visão, deixando-o cego às bênçãos do Divino ao seu redor.
- 555 – A mudança é a única constante que você terá na sua experiência física, então faça amizade com ela e convide-a para entrar.
- 666 – O amor-próprio é o maior presente que você pode se dar, pois quando você se ama, mostra ao restante do mundo como amá-lo também.
- 777 – Quando você se abre ao desconhecido, encontra mais coisas para enriquecer e expandir sua vida.
- 888 – Permaneça no fluxo divino e entenda que a lei da abundância no mundo físico começa com você.
- 999 – Você está atualmente na frequência da energia de cura. Apenas relaxe, respire e deixe a cura lavá-lo.
- 1010 – Aprenda a lei da totalidade e entenda seu lugar na matriz universal.
- 1111 – Você vive em um Universo amigável, que quer realizar todos os seus desejos. Então faça um pedido, acredite que ele foi ouvido, e saiba que está no seu caminho do jeito mais perfeito e divino.
- 1212 – A apreciação muda sua energia e o alinha com as frequências da abundância. Quanto mais encontramos para apreciar, mais nos manifestamos de um lugar de consciência ascensionada.

Como Usar Este Livro

Em cada um dos capítulos com o número do anjo, você encontrará:

- Mensagem: uma mensagem curta no estilo de uma afirmação do anjo.
- Significado mais profundo: uma mensagem mais profunda sobre o número em si.
- O anjo: um trecho sobre o anjo que se voluntariou para compartilhar informação com você sobre a energia em torno desse

número específico, e como eles trabalham com essa energia para auxiliá-lo.
- Visualização/Meditação: uma meditação oferecida pelo anjo.
- Montagem do altar: como montar um altar para seu anjo.
- Tópicos para escrita automática: uma oração para conexão com o anjo e sugestões de tópicos para escrita automática, a fim de aprofundar mais sua conexão com os anjos.
- Cristal angélico: como aterrar a energia dos números e dos anjos em um cristal. Haverá uma lista de cristais junto a um exercício sobre como colocar essa energia na sua pedra para você carregá-la consigo.
- Outros números: cada capítulo também terá algumas mensagens numéricas adicionais. Essas mensagens contribuem com a energia do número principal, e elas propiciam mais diálogo e assistência dos anjos com o qual você trabalha no capítulo. Esses números vêm dos próprios anjos, não de mim pessoalmente; no entanto, usamos novamente a numerologia básica como nossa base para alinhar as mensagens com eles.

Cada capítulo é elaborado como uma lição autossuficiente completa para seu número e seu anjo correspondente. Isso significa que você não precisa ler este livro do início ao fim. Em vez disso, você pode pular para qualquer ponto e usar a obra como uma forma de adivinhação. Deixe-me dar um exemplo. Segure o livro perto de seu coração e respire fundo algumas vezes, permitindo-se relaxar no momento, e deixe o exercício de respiração conectá-lo ao livro. Agora pergunte: "Qual anjo gostaria de chamar minha atenção para sua presença hoje?", em seguida abra-o. A página em que você abrir é o anjo que quer compartilhar o dia com você. O número ao qual ele está conectado será aquele que você buscará durante o dia como um indicador de que ele está por perto. Leia a mensagem e o significado mais profundo e então deixe o livro de lado. Continue com seu dia com cuidado, e esteja atento a como e quando o anjo o deixa notar sua presença.

Outra forma de usar este livro é passar uns dois dias rastreando os números que você vê. Apenas os anote e não procure um significado ainda mais profundo. Depois de três ou quatro dias, veja quais números você mais viu. Agora, vá para esse trecho no livro e observe que anjo vem tentando chamar sua atenção nos últimos dias. Veja que mensagem ele está tentando transmitir e mergulhe nessa energia que ele está alinhando com você. Registre em um diário a informação que você reunir, aterre essa energia no seu cristal de bolso e encerre com a meditação de conexão. Você também pode apenas fazer a oração e os exercícios de devoção, se gostar mais de um ritual.

Como este livro vai mais fundo nos números, aprofunda-se nos significados e o alinha com os anjos individuais, este simples trabalho pode ir tão longe quanto você quiser. A melhor parte deste livro é você não precisar esperar para ver os números para usá-los intencionalmente. Você pode recorrer aos números deste livro sempre que quiser. Talvez queira trabalhar com um dos anjos, então você abre no capítulo correspondente e percorre as diferentes partes dele. Você pode trabalhar nesse capítulo pelo tempo que quiser. Quer trabalhar com o Arcanjo Haniel? Vá para o capítulo quatro, aprenda seus números, familiarize-se com seus sinais, carregue seu cristal todos os dias e mergulhe em sua energia por quanto tempo se sentir chamado. Essa é a prática, o trabalho, a oração viva que é sua vida, na verdade. Enquanto você passa um tempo com cada um dos anjos e trabalha com os números que eles fornecem, também criará uma história própria com os anjos. Será uma com a qual você terá uma experiência em primeira mão. Uma que seja pessoal, íntima e genuína para você. Os anjos o guiarão para seu próprio estado de ser supremo, e eles iluminarão seu mundo, o encherão de graça e o escoltarão pelo caminho do despertar. Enquanto sua energia altera e a vida se ilumina mais, você conseguirá ver as pegadas dos anjos por onde quer que vá. Esse é, na verdade, o objetivo de qualquer prática espiritual, e aqui não é diferente. Você só precisa dar o primeiro passo.

Essas são só duas formas de usar este livro. Tenho certeza de que você encontrará muitas outras maneiras divertidas de usar o material oferecido nestas páginas. Saiba apenas que não há regras, somente explorações e lições na aventura, e os anjos adoram uma aventura!

Como se Conectar com os Anjos como uma Prática Espiritual

Na maior parte das vezes, as pessoas conectam os anjos à religião. Quando se fala em anjos, não é incomum indivíduos presumirem que você seja religioso ou siga alguma forma de prática religiosa. De modo geral, é aí que a pessoa comum aprende primeiro sobre esses seres celestiais, seja na igreja, seja por meio de algum ensinamento religioso ou de leitura. Sei que esse foi de fato o meu caso, por ter sido criada como católica. Foi essa conexão com a religião e seu dogma que me fizeram rejeitar meus primeiros dois encontros com os anjos. Eu não queria nenhuma parte da religião que, na minha experiência, incluía um viés de gênero injusto e crenças racistas e homofóbicas. A religião, para mim, era algo que queria que as pessoas fossem as mesmas, e seguissem suas regras e código. A religião o enviaria ao inferno se você não fizesse o que era dito. Eu associava os anjos a executores religiosos, à polícia de Deus, por assim dizer. Não fui a pessoa mais amigável quando os seres celestiais começaram a agraciar minha vida. Eu os mandava se foder pelo menos umas cem vezes por dia. Tinha crescido com uma história muito negativa em torno de quem e do que um anjo era, e de qual papel eles desempenhavam na ordem do universo.

Uriel, no entanto, nunca pareceu entender a mensagem. Ele apenas ficou do meu lado. Contei a uma amiga sobre isso, e ela me disse para ouvir os anjos, que talvez eles apenas tivessem uma mensagem e iriam embora, uma vez que o trabalho estivesse completo. Então cedi, com a esperança de que, se eu ouvisse o que ele/eles tinham a dizer, os anjos iriam embora. Isso também não aconteceu. Demorou muito tempo para eu perceber que era eu que segurava as cartas do viés, não os anjos. Tinha permitido que narrações de histórias religiosas feitas por seres humanos embaçassem minhas lentes. Tive de esquecer tudo o que achava saber sobre os anjos e me dispor a aprender novamente, mas dessa vez com os próprios. Precisei baixar minha resistência às suas tais narrativas e deixá-los me contar suas histórias, nos seus termos e da sua própria maneira.

Isso me ensinou muito sobre intervenção e o poder de contar sua própria história. Assim como os anjos, vários de nós deixaram que os outros contassem histórias sobre nós. Tornamo-nos personagens em narrativas que às vezes são bem distantes de quem somos. Preencher esse intervalo entre o eu real e o eu da personalidade exigiria que o outro estivesse disposto a ouvir, a realmente prestar atenção. Então dei aos anjos a chance de falarem e serem ouvidos, porque, no fim do dia, eu ia querer que os outros fizessem o mesmo por mim. Esperaria que alguém, em algum lugar, testemunhasse minha narrativa. Em diversos aspectos, esta é uma das formas como funcionam os números da ascensão (o número associado com cada anjo). Eles fazem parte dessa nova versão; fazem parte da história do desejo dos anjos de contar sobre eles e você, mesmo se estiverem me usando como um instrumento para conseguirem espalhar a história por meio deste livro.

Isso me traz a um ponto muito importante. Não acredite em tudo o que digo. Se, em algum momento, algo neste livro não parecer se alinhar com você, aproveite a oportunidade e abra-se para ouvir da boca dos anjos. Deixe-os falar com você nas suas palavras por meio de suas crenças pessoais. O modo como os anjos conversam com você pode ser bem diferente de como eles conversam comigo. Apenas se abra para ouvir, prestar bastante atenção.

Tento com bastante afinco não colocar meu próprio viés e minhas crenças pessoais em suas palavras. Tive de aprender a abordar meu trabalho com eles como um receptáculo transparente e como parte de uma prática espiritual muito maior. Não tem sido fácil, e ainda é um projeto em andamento. É um dos motivos pelos quais demorei tanto para sentar e escrever outro livro com eles. Precisava saber que estava no lugar certo para transmitir essa informação. Os anjos estão sempre no estado de espírito correto, sempre transparentes e sempre sem um viés. Somos nós, seres humanos, que precisamos colocar nossas cabeças no lugar, o que me leva ao uso da palavra "Deus" – ou Deus/Fonte/Divindade/Deusa – neste livro. Quando os anjos falam de Deus, eles não falam daquele sobre o qual você aprendeu na igreja. O Deus que eles mencionam é uma energia, uma energia inclusiva criativa que se entrelaça em tudo. Não há nada de que Deus não faça parte. Demorei muito tempo para chegar a um acordo a respeito disso, pois sou um pouco antideus, para falar a verdade. Então, assim como tive de reaprender a narrativa dos anjos, eu também precisei reaprender sobre a energia de Deus/da Fonte/Divina/da Deusa.

Enquanto você avança por este livro, poderá ter de esquecer coisas que aprendeu. Você pode sentir o impulso de deixar uma nova informação e uma nova história entrarem na sua vida. As coisas que você achava saber podem não mais parecer reais. Isso é perfeitamente normal quando se inicia essa jornada. Por isso, pedimos para você não comparar este livro com qualquer outro escrito a respeito de um assunto semelhante. Em vez disso, veja-os como colegas, cada um contando uma versão de uma história, com cada livro sobre anjos compartilhando linhas em comum, mas diferentes. Cada nova peça de escrita vem de um receptáculo distinto com alinhamentos diversos. Cada livro é apenas outro capítulo de uma história muito maior. Este não é diferente. Sua experiência pessoal com os anjos não é. Entretanto, quando colocamos juntas, criamos um mosaico de uma conversa muito maior, uma que continua a trazer novas pessoas para dentro dela a cada dia. É assim que funciona o consciente coletivo. Todos nós desempenhamos um papel na costura da história e no carregamento da frequência.

Para aqueles que têm uma prática religiosa, saiba que os anjos trabalharão com vocês de uma forma que se alinhe com sua fé. Apenas não espere que eles se comportem da maneira que sua religião lhes diz que deveriam, pois vocês podem se decepcionar. Para aqueles que são um pouco como eu e largaram o manto da religião, mas ainda se baseiam em fé e crença, vocês também se verão precisando reajustar sua mentalidade. Os anjos podem testá-lo ao máximo, não porque haja algo de errado com você, mas porque você poderia ficar mais relutante e oferecer mais pontos de resistência. Para aqueles que não são nada religiosos e estão realmente se perguntando por que cargas-d'água este livro apareceu na sua vida, bem-vindo! Você é a tela em branco perfeita para os anjos começarem a criar milagres na sua vida. Para todos nós, independentemente de qual grupo estamos, esta obra é uma prática espiritual e, assim como todas as práticas, ela é profundamente pessoal e nossas experiências serão próprias.

Vamos parar um momento para falar sobre a parte "prática" da prática espiritual, porque é desse aspecto que as pessoas mais se esquecem. Uma prática é apenas isso, algo praticado todos os dias. Não é só uma vez e pronto, e não é como em um retiro de fim de semana ao final do qual você recebe um lindo certificado. É uma prática diária, ou pelo menos com mais frequência possível para você construir um hábito e criar uma dinâmica. Eu não sou a mais indicada para pregar sobre fazer qualquer coisa todos os dias, mas fazer com frequência ainda é uma prática. Esse é um dos motivos pelos quais os números de ascensão funcionam tão bem, porque você os verá diariamente e prestará atenção neles na maioria dos dias. Os números são fáceis de serem percebidos. Nós os vemos nos nossos relógios, em telefones, nos nossos micro-ondas e em placas de carro. Por onde quer que andemos, existem números. Trabalhar com os números angélicos de ascensão é uma das práticas espirituais mais fáceis que você pode ter. É um dos motivos pelos quais os anjos vêm me forçando a escrever este livro há anos, e é a razão pela qual este livro não está apenas repleto de afirmações e de pequenos fragmentos de informação sobre o número, embora não tenha nada de errado com essa abordagem, e a recomendo como um acompanhamento a esta obra.

Isso me leva a uma última coisa. Avançando por este livro, você pode notar um pedaço de um tema, que é minha resistência no meu trabalho com os anjos. Sempre fui relutante e ainda sou. Você não faz ideia da sorte que tem de estar segurando este livro nas suas mãos, como não faço ideia de quando escreverei outra obra sobre os anjos. Tinha tanta resistência a esse trabalho que nunca havia feito nenhuma pesquisa sobre eles. Os anjos aparecem, trabalham comigo um pouco, e, então, se afastam. É rápido, limpo e não temos bagagem emocional. Assim, ao me sentar para escrever este livro, comecei a duvidar do meu conhecimento e competência em torno deste tópico. Como resultado disso, passei horas e horas no Google fazendo pesquisa atrás de pesquisa sobre os anjos desta obra. Comprei também uns dez livros de referência sobre o assunto. Nada disso me ajudou, nem foi útil demais para este livro. No entanto, pelo menos eu soube como outras pessoas poderiam se aproximar dos conteúdos desta publicação. Com isso, vi onde você pode ter estado antes de cair aqui comigo. A esse respeito, acho que foi mais útil do que imaginei a princípio. Como não tirei nada diretamente de uma obra ou *site,* tenho uma ou duas recomendações para você, se quiser uma perspectiva diferente. Um dos livros dos quais gostei muito foi *Angel Prayers,* de Kyle Gray. O outro foi *A Dictionary of Angels, Including the Fallen Angels,* de Gustav Davidson. Eu guardei esses dois livros na minha biblioteca. Gosto deles, e acho que você também gostará.

Como Funciona Este Livro

Nos capítulos deste livro, você encontrará exercícios, rituais e um manual para a elaboração de um diário para você fazer com cada um dos números e anjos. Para alguns dos leitores, os termos e a linguagem não serão novos, e você pode já se sentir muito confortável usando-os e fazendo os exercícios. Se, no entanto, essa é a primeira vez em que você entra em contato com essas palavras, ou nunca tenha participado ativamente desses exercícios antes, como uma forma de prática espiritual secular, vou apresentar detalhadamente o que tudo isso significa em relação a este livro. De qualquer modo, os anjos e eu o ajudaremos ao repassarmos agora os cinco principais conceitos que você verá dentro dos capítulos. São eles: montagem de um altar, oração, cura, escrita automática e chacras. Mesmo não havendo um jeito certo ou errado de abordar essas ideias, conceitos ou atividades, as seções lhe darão alguma noção de como você pode abordar os tópicos graças a esta obra, se sentir a necessidade de ter um esquema estruturado.

Montagem do Altar

Para alguns, a ideia de montar um altar pode ser algo normal e natural. Você pode, na verdade, já ter um ou vários na sua casa. No entanto, para aqueles que se deparam com o conceito de um altar pela primeira vez, toda a ideia pode ser confusa. Um altar é um espaço sagrado. É um lugar que você prepara deliberadamente como um local de devoção espiritual para algum trabalho mágico. Pode ser um lugar para fazer suas preces em voz alta, e verbalizar suas necessidades e desejos ao Universo. Pode ser até onde você lança seus feitiços ou homenageia a mudança das estações. Tenho até um altar para a meditação. O altar serve para permitir que você crie um espaço onde possa focar e estar presente com seu eu espiritual e seu trabalho espiritual ou mágico. Eles podem ser pequenos ou grandes.

Não existem regras sobre o tamanho de um altar, ou até como você o prepara. Alguns podem ser tão simples quanto um vaso de flores, uma vela e uma pequena estatueta de anjo ou de alguma outra divindade. Eles podem ser colocados em cima de estantes, no canto do parapeito de uma janela ou ao lado da sua cama. Altares também podem ser bem grandes e elaborados, envolvendo cristais, várias velas, estátuas, dinheiro, penas, imagens, guirlandas, plantas e outros objetos. Alguns desses itens você pode colocar lá de propósito: sal para proteção, terra para aterrar seu desejo, oração, feitiço ou intenção ao plano físico, ou até um cristal específico para estabelecer uma energia intencional. Em outros momentos, você pode apenas decorá-lo por beleza e estética. Você verá neste livro muitas opções diferentes de como pode montar altares para cada um dos anjos individuais. Sugiro que você crie um altar em algum lugar na sua casa e o altere, dependendo do anjo com o qual está trabalhando em determinado momento. Dar ao seu altar uma intenção específica ajuda a concentrar seu poder, e mantém sua energia focada e pura para quando você se colocar diante dele para fazer seu trabalho devocional. Por isso algumas pessoas têm mais de um altar em casa e por essa razão tenho vários rolando a qualquer momento. Sei que, quando me coloco diante do meu altar de feitiços, estarei engajada em feitiçaria. Sei que, quando me sentar diante do meu altar de meditação, apenas meditarei e nada mais. Sei que, quando acendo uma vela no meu altar da deusa, estou escolhendo deliberadamente invocar e trabalhar com o sagrado feminino.

Acho que você captou a ideia, e essa é uma ideia que quero que você carregue consigo enquanto começa a montar seus altares aos anjos. Faça-os pessoais. Faça-os intencionais. Isso o ajudará com sua prática e aprofundará sua conexão com a prática dos números angélicos de ascensão. Cada um dos anjos tem uma seção sobre a montagem do altar, então não se preocupe se essa for a primeira vez que você monta um. Além disso, embora haja orientações bem detalhadas em cada um dos capítulos sobre os altares, sinta-se à vontade para ser tão criativo quanto quiser quando preparar seu altar (ou altares). Eles devem ser profundamente pessoais e, de muitas formas, devem se tornar uma extensão do seu eu sagrado. Então, divirta-se, confie nos seus instintos e deixe os anjos o guiarem no trabalho diante do seu altar.

Oração

A oração é uma forma de comunicação entre nós e aquele que chamamos de Divino. É quando buscamos conselho daquele que acreditamos ser nosso criador ou que está em uma posição de auxílio. A oração é uma oferta, um pedido, um clamor por ajuda. É um modo de magia espiritual e trabalha da mesma forma que um feitiço. É a mesma energia, apenas com palavras diferentes. Neste livro, você verá muitas vezes as duas palavras misturadas. Isso é para você ficar tão confortável com a palavra "feitiço" como fica com a palavra "oração", e vice-versa. Você também notará ao longo do livro que cada oração ou feitiço é escrito mais como uma afirmação ou como uma declaração de agradecimento. Em outras palavras, as orações e os encantamentos são escritos de uma forma que presume que seu pedido já tenha sido atendido. Isso é "agradecer de antemão", um truque que os anjos adoram compartilhar com quem estiver disposto a ouvi-los. Isso faz da oração não algo que se faz como uma forma de rogo e súplica, mas como um modo de gratidão, liberação e apreciação.

Este é um tipo muito diferente de oração, distinta daquela que aprendi na igreja na minha infância, mas, como disse, o tipo de prece que aprendi enquanto estava ajoelhada e curvada no piso duro de madeira da igreja católica não me inspirava realmente com muita esperança. Essas orações também não eram repletas de alegria. Na maior parte do tempo irradiavam medo. Esse não é o tipo de energia que queremos transmitir para o Universo durante nossas orações ou nossos feitiços. "Agradeço de antemão" é escrito em todo este livro. É desse jeito que as frases foram construídas e é dessa maneira que as mensagens foram escritas no exercício de conexão em cada um dos capítulos. Os anjos realmente tiraram o achismo disso para você, fornecendo-lhe energia de agradecimento em cada uma das páginas. Se, no entanto, você quiser ir além deste livro e levar sua prática adiante, pode pegar os processos que aprendeu aqui e usá-los em outras áreas da sua vida. Agradeça a si mesmo de antemão pela cura. Agradeça a si mesmo de antemão pela abundância, pela alegria e pela diversão.

O trabalho com a oração é contínuo. Não devemos realmente pará-lo e começá-lo, pois estamos nos colocando constantemente nas mãos do Divino, e é melhor fazê-lo com um coração cheio de agradecimento. Em cada um dos capítulos, você encontrará orações já escritas. Use-as em sua forma completa ou até para ajudá-lo a criar e preparar algo mais pessoal. Assim como tudo o mais neste livro, as orações estão aqui como uma orientação, um ponto de referência, mas não são a coisa mais importante. Abra seu coração e sinta seu trabalho com a oração, pois quanto mais profundamente você se conectar com as palavras de agradecimento das suas preces, mais poder elas transmitirão ao Universo. Sinta suas orações no seu coração e receba os anjos na sua vida.

Cura

Por todo este livro, você verá a palavra "cura" ser muito usada. Sinto que é importante discutir o que isso significa em relação a esta obra e aos próprios anjos. A princípio, nada neste livro deveria tomar o lugar do aconselhamento médico real. Sempre consulte um profissional da saúde para um problema médico ou um terapeuta de saúde mental para terapia e ter suporte para traumas. O trabalho de cura discutido neste livro é algo que você faz além do tratamento que realizar com seu médico ou terapeuta. Ele serve como um suporte ao que você já tem em jogo e para ser um amplificador do trabalho de cura que você já faz.

A cura, como definida pelos anjos, é permitir se alinhar à frequência da cura e do bem-estar ilimitados e incondicionais. É uma experiência vibracional que altera seu estado de ser, reorienta sua mente e apoia suas próprias habilidades de cura corporal instintivas. Isso significa que os anjos e os números de ascensão estão aqui para turbinar e elevar o time de saúde que você já possui. Os anjos recomendam que você tenha uma equipe de saúde e bem-estar. Assim como todas as coisas no nosso trabalho físico, a colaboração na cura é uma ferramenta poderosa. Quanto mais líderes de torcida e campeões você tiver ao seu lado no campo da saúde e do bem-estar, mais fácil será permanecer no fluxo da energia de cura. Na minha prática como *coaching* particular, muitas vezes oriento meus clientes a descobrir quem é seu anjo de cura, para que eles possam adicioná-lo à equipe. Durante o nosso trabalho juntos, descobrimos que adicionar esse elemento extra à mistura aumenta a receptividade do cliente para deixar a cura entrar em suas vidas. Então, acho que daria para dizer que o trabalho de cura neste livro é mais sobre mudar sua resistência à saúde e ao bem-estar, porque, quanto mais você abandonar sua resistência à saúde, mais dela experimentará. Quanto mais rápido você parar de contar a velha história de saúde e começar a contar a nova, mais facilmente seu tratamento médico fará efeito.

O trabalho de cura que você faz neste livro o abre para ficar mais ciente dos efeitos colaborativos da sua equipe de cura. Quanto mais você aumentar sua percepção ao redor de seu lugar específico na experiência de cura cocriada, mais energia de cura será recebida por seu corpo, mente e espírito. Sempre que você se deparar com a palavra "cura" neste livro, ela será um lembrete de que sua equipe de saúde e bem-estar está aqui para apoiá-lo e orientá-lo a ir mais fundo e de forma mais extensa com seu trabalho de cura. Se alguns de vocês trabalham como terapeutas, usem a parte de cura deste livro para trabalhar em si, para revigorar e restaurar sua energia de cura, porque, quando você está com sua melhor saúde e bem-estar, estará dando o melhor de si para seus clientes. A cura é uma energia na qual estamos sempre. Ela trabalha constantemente conosco, ao nosso redor e por meio de nós. Não importa o que acontece nas nossas vidas, estamos vivenciando a energia de cura. Permaneça aberto, siga a orientação dos anjos e deixe-os mantê-lo no fluxo da energia de cura.

Escrita Automática

Ao longo dos capítulos deste livro, você verá tópicos para escrita automática, e por isso é importante conversar um pouco sobre o que a escrita automática significa no contexto desta obra e no seu trabalho com os anjos e seus números. A escrita automática é uma prática intuitiva. É usada para ajudar as pessoas a se abrirem ao Espírito e ficarem confortáveis com as mensagens recebidas de seres não físicos. É um processo tão fundamental que eu o ensino a todos os meus alunos de canalização. Em muitos aspectos, a maioria dos livros que você lê é elaborada pelo processo da escrita automática. No trabalho ficcional, os personagens são canalizados por meio do autor, na maioria das vezes com tópicos sobre o que eles desejam. Na não ficção, sempre começamos com perguntas ou tópicos sobre nosso conteúdo e, então, deixamos a energia guiar nossa pesquisa e escritos. Os tópicos para escrita automática neste livro funcionam da mesma forma. Os anjos podem ser personagens na sua história de vida ou podem fazer parte da sua pesquisa coletiva. Você escolhe.

A chave para a escrita automática é deixá-la fluir intocada. Apenas deixe as palavras aparecerem na página e se preocupe depois em entendê-las. Para este livro, você receberá uma série de tópicos dentro dos capítulos. Você então se sentará com eles e escreverá em um pedaço de papel. Se sentir vontade, pode fechar os olhos, respirar fundo algumas vezes e ver a questão sendo enviada aos anjos. Depois, pegue sua caneta e deixe a resposta atingi-lo por meio do seu chacra coronário, descendo por seu braço, pelos dedos e saindo pela caneta. Continue a escrever até sentir que a energia ou a resposta está completa. Registre o que você escreveu em um diário, se houver algo que precise de mais investigação. Se você ler um oráculo ou cartas de tarô, pode sentir a necessidade de tirar uma carta ou duas para acompanhar o que você anotou. Tudo isso faz parte do processo de escrita automática.

Não se preocupe demais se tiver dificuldades de se conectar com uma resposta no início ou não conseguir escrever mais do que algumas palavras. Isso é completamente normal, quando se é iniciante. Apenas continue tentando. Quanto mais você trabalhar com a prática da escrita automática, mais palavras escreverá e mais forte será sua conexão com a resposta. Não tem um jeito certo ou errado de fazer a escrita automática. Você só vai fundo e vê o que acontece. Sorte sua que os anjos são muito bons nisso, e eles serão pacientes e gentis enquanto vocês aprendem a conversar um com o outro. Siga os tópicos e deixe-os abrir o caminho.

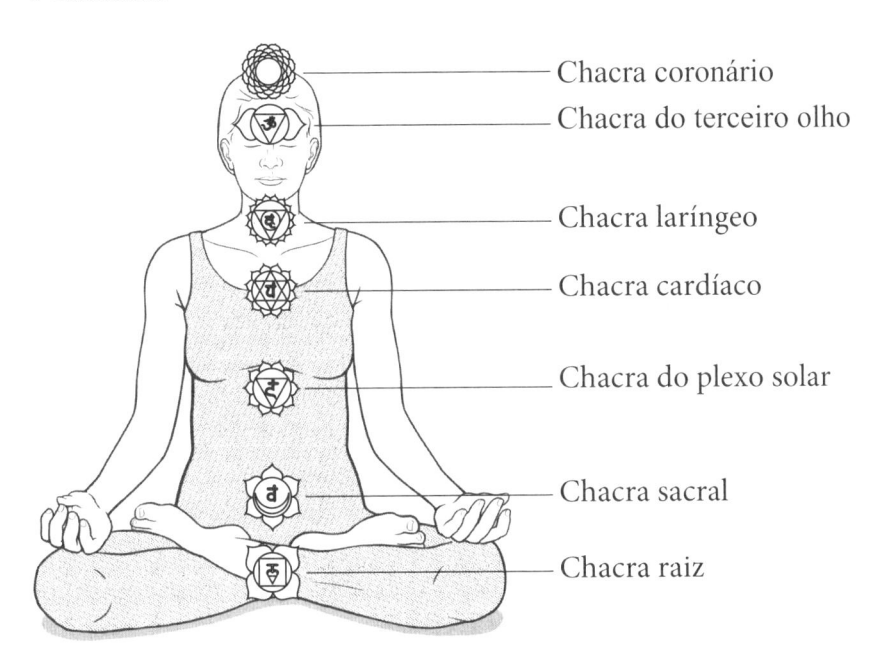

Chacra coronário
Chacra do terceiro olho

Chacra laríngeo

Chacra cardíaco

Chacra do plexo solar

Chacra sacral

Chacra raiz

Chacras

De vez em quando, você verá que me refiro a chacras ou a algum chacra individual por todo este livro. Para aqueles que desconhecem completamente esses centros de energia, deixe-me dar um resumo do que estou falando e do motivo de tê-los usado em relação a este livro. Os chacras, falando de um modo simplificado, são discos giratórios de energia que se movem pelo corpo. Existem sete chacras maiores. São eles:

    1. Chacra raiz
    2. Chacra sacral

3. Chacra do plexo solar
4. Chacra cardíaco
5. Chacra laríngeo
6. Chacra do terceiro olho (frontal)
7. Chacra coronário

Esses centros de energia são considerados vitais para o funcionamento do nosso corpo físico, e nos permitem manter uma boa saúde e bem-estar. O chacra raiz, que começa na ponta da coluna, atrai a energia do chacra para cima no seu corpo até o ponto do chacra coronário. Com isso, a energia pode se mover para cima, pelo meio, para baixo e em volta dos seus corpos físico e energético. Esses centros de energia são usados predominantemente nas tradições orientais há milhares de anos como uma forma de cura, meditação e autoatualização. Embora o trabalho com o chacra tenha se tornado essencial em muitas modalidades de cura ocidentais, é bem recente na cultura ocidental e não é tão divulgado fora dos círculos da *New Age*. Eu incluo os chacras neste livro, mesmo em um nível bem básico, porque meu trabalho com os anjos centrou-se na energia de cura. Trabalhamos quase exclusivamente com o sistema de chacras ao longo dos anos, o que significa para mim que chacras, anjos, meditação, cristais e números andam juntos. Dito isso, este não é um livro sobre os chacras. Você não encontrará informações detalhadas nestas páginas. Se, no entanto, quiser explorar mais este tópico e se aprofundar ainda mais no trabalho com os chacras, então você tem sorte, pois tenho um livro dedicado apenas aos chacras: *Tarot Healer: Using the Cards to Deepen Your Chakra Healing Work*.

Números do Anjo do Dia do Seu Nascimento

Por todo este livro, analisaremos os anjos e os números associados a eles. Você trabalhará com exercícios de conexão, rituais e magia com cristais. Até agora, não lhe dei nenhuma orientação estrita sobre como, onde ou quando você pode se deparar com qualquer um dos números apresentados nesta obra. O local mais óbvio para se ver esses números seriam os relógios, que temos em todos os lugares. Existem relógios no seu telefone, no seu carro, no micro-ondas, nas suas paredes e, se você estiver usando um relógio, no seu pulso. Também menciono placas de carro algumas vezes em todo o livro, mas números de telefone e recibos de mercadorias e serviços são apenas alguns dos outros exemplos nos quais os números podem aparecer para você. Tivemos até um pagamento de carro que foi de $ 333,33! Em muitos casos, esses são números que vemos ou com os quais nos deparamos de modo aleatório na vida cotidiana. Você não precisa investigar nem procurar muito para notar esses números, mas há outros que você pode querer explorar, que são aqueles que o conectam profundamente com os anjos. Nesta seção, exploraremos alguns desses números e descobriremos quem são os anjos do dia do seu nascimento.

Agora, para alguns de vocês este será um processo fácil, pois verão os números saltarem no momento em que escreverem a data de nascimento. Alguns de vocês podem ter de investigar um pouco mais fundo para encontrar um resultado, analisando toda a numerologia do seu nascimento. Esses anjos podem aparecer no exato instante em que você nasceu, na data do seu nascimento ou até no número do hospital ou do seu local de nascimento. Alguns de vocês podem ter dois ou três anjos aparecendo na data, na hora e no endereço do seu local de nascimento. Se você for como eu, precisou ser cuidada bem de perto nesta encarnação, então ficou com mais de um anjo de nascimento! De qualquer maneira, há alguns modos de ver quais anjos andam por aí esperando você voltar para sua forma física.

Uriel estava no meu dia de nascimento, pois tenho uma quantidade bem incomum de 5s no meu perfil numerológico. O outro anjo presente era Raziel, pois tenho três 7s na minha data de nascimento. Não percebi que isso era algo tão importante até conhecer um numerólogo pela primeira vez em 2008 em uma feira espiritual em Buffalo, Nova York. Foi o fascínio dele pelos números que instigou minha própria obsessão pela numerologia. A partir desse momento, não conseguia mais olhar para os números sem procurar por padrões, códigos, caminhos vibracionais e, é claro, mais para a frente na minha jornada espiritual, os anjos. Vai saber se, talvez depois de ler este livro, os números não começarão a persegui-lo também.

Vamos começar com o lugar mais fácil de encontrar seus anjos do nascimento, que é sua data de nascimento. Eu tive clientes que nasceram no 12º dia do 12º mês – 12:12. Olá, Arcanjo Zeke! Também fiz mapas para pessoas que nasceram no 18º dia do oitavo mês de 1968, o que dá 888. Olá, Arcanjo Raguel. Ao anotar sua data de nascimento, há números de anjos visíveis? Não se preocupe se não conseguir vê-los logo de cara, pois você pode ter uma data de nascimento como a minha, na qual você terá de fazer alguns cálculos simples para encontrá-los. Nasci no 16º dia do sétimo mês de 1972. Ora, a princípio, você não consegue ver os três setes. Mas, como meu professor escocês de numerologia me ensinou, 16 é, na verdade, o número 7 escondido à plena vista. Veja, os numerólogos não focam dígitos duplos; procuramos por números únicos, a menos que, é claro, estejamos buscando números mestres ou de débito cármico, que, por acaso, são duplos, mas que não é algo que procuramos aqui. Agora que descobrimos esse terceiro 7, podemos ver o 777 bem claramente. Então faça o cálculo da sua data de nascimento e veja se você tem algum número oculto. Você terá até de reduzir seu ano de nascimento a um único dígito para encontrá-lo. Vá em frente e veja o que aparece. Você nem precisa ter três obrigatoriamente, você pode ter apenas dois que consiga ver. O que eu recomendaria é anotar esses dois números e, então, adicionar todos os números da sua data de nascimento e reduzi-los a um único dígito. Adicione esse dígito aos seus números repetidos e veja que anjo você tem.

Por exemplo, digamos que você tenha nascido no segundo dia do segundo mês de 1951. Você faria a seguinte equação: $2 + 2 + 1 + 9 + 5 + 1 = 20 = 2 + 0 = 2$. Bem, veja, agora você tem 222! Olá, Jofiel! Vamos fazer mais uma.

Digamos que você tenha nascido no 26º dia do sexto mês de 1987, o que daria $2 + 6 + 6 + 1 + 9 + 8 + 7 = 39 = 3 + 9 = 12 = 1 + 2 = 3$. Pegue seu 3 e coloque-o com seus dois 6s, e agora você tem 663. Se você olhar no capítulo a respeito de Ariel, verá que esse é um dos números desse arcanjo, o que significa que acabamos de encontrar seu anjo de nascimento! Uhu, eba! Como eu disse, às vezes você precisa ir mais fundo. Às vezes, realmente precisa se sentar e deixar os números revelarem o mapa. Em algum momento, você chegará lá.

Agora, não se preocupe se você não tiver nenhum anjo visível ou oculto na sua data de nascimento. Aparentemente, apenas aqueles sobre os quais temos de ser sempre lembrados estão à plena vista. Quer dizer, pense bem, quantas vezes você precisa anotar sua data de nascimento? Você a anota o tempo todo. Na verdade, quando fica mais velho, você parece ter de anotá-la ainda mais. O anjo na sua data de nascimento queria estar com você por onde quer que fosse. Ele deu o tom a cada formulário, contrato ou acordo vinculativo ao qual você já teve de adicionar sua data de nascimento. Isso é uma bênção angélica séria. No entanto, nem todos precisam ser vigiados assim de tão perto.

Vamos olhar para a hora do seu nascimento se, é claro, você souber. Eu não sei a minha, o que sempre fez da astrologia uma dor de cabeça para mim, mas, se você souber, veja se há algum número repetido nela. Será que você nasceu às 11:11 da manhã ou talvez até às 2:22 da tarde? Algumas pessoas terão sorte e verão logo de cara que números têm na hora do seu nascimento. Além disso, fique de olho em outros números neste livro nas seções adicionais sobre o número dos anjos em cada capítulo. Ao contrário da sua data de nascimento, como você não tem muitos números com que trabalhar aqui em relação à hora do seu nascimento, ou os números vão pular em você ou não. Não tem muito o que procurar mais fundo aqui. No entanto, se você foi abençoado ao nascer sob um número angélico, então essa hora do dia é como um portal celestial para você. Essa é a hora em que sua conexão com seus anjos está mais forte. Em outras palavras, houve muito pouca separação entre vocês na hora do seu nascimento – quando o véu entre os mundos estava aberto – e vocês dois ficaram juntos, cruzando dimensões e o tempo vibracional, o que torna a hora do seu nascimento poderosa. Se sua hora de nascimento for um número angélico, eu também a usaria como um portal para sua energia de manifestação. Monte um altar para esse número e o canalize de fato quando quiser criar algo significativo na sua vida.

Então, como vai até agora? Você já encontrou seu anjo ou anjos de nascimento?

Não se desespere. Nós ainda temos um conjunto de números para verificar, que é o endereço onde você nasceu. Sei o que está pensando.

Sei que você acha que estou forçando um pouco aqui, mas pergunte-se, se o local do nascimento não fosse importante, como todo astrólogo em todo lugar quer saber qual é ele? A localidade, querido, é importante. Onde você nasceu tem um vórtice de energia. É o portal de onde você surgiu para o mundo material. É onde você cruzou tempo e espaço para estar aqui, durante este período, para se unir ao restante do planeta. Enquanto escrevia este capítulo, pensava em procurar o endereço do hospital onde nasci. Ele tinha dois pares de números repetidos: 77 e 55. Nesse exemplo, 77 é o endereço físico, o 55 é parte do seu endereço postal. Minha nossa, tudo bem, obrigada, anjos. Acho que meus dois anjos somente sentiram a necessidade de forçar sua presença em casa. Então vá e procure no Google o endereço de onde você nasceu. Verifique. Talvez ele faça você rir alto como o meu me fez. Talvez ele o impressione, ou talvez, apenas talvez, responda às muitas perguntas que você tem acerca das circunstâncias do seu nascimento.

Está certo, então o que raios significam esses números? Porque esse é um local real, um lugar fixo, é um centro para aquela energia angélica própria. Misturada com sua data e hora de nascimento, ela mostra quem e qual é a energia do anjo do lugar associado a você no início dessa encarnação específica. Isso significa que nem todos aqueles nascidos no local terão os mesmos anjos de nascimento, porque o anjo do lugar facilitou os alinhamentos. No entanto, assim como eu, um deles pode, na verdade, acabar em seus outros números, e seu anjo do lugar pode acabar sendo seu anjo de nascimento principal, especialmente se este for o único número angélico que você conseguiu identificar até agora. Isso indicaria uma lição de vida vinda do seu lugar de nascimento e uma conexão mais profunda com o local onde você irrompeu para o mundo das coisas materiais. Pode significar também que você ficou vivendo no mesmo local por toda sua vida, e o anjo do lugar o abençoou com um local sagrado. Se esse for seu caso, parabéns! Você é uma dessas pessoas que nunca questiona onde é seu lar e nunca se sentirá compelido a encontrá-lo. Para ser sincera, eu o invejo.

Se você quiser ir ainda mais longe e mergulhar mais fundo no seu mapa numerológico, recomendo o livro *The Complete Idiot's Guide to Numerology*. Ele é de fato um dos melhores livros sobre numerologia para iniciantes que encontrei. Eu o recomendo a todos os meus alunos e distribuí várias cópias dele ao longo dos anos.

Espero que esta pequena introdução à descoberta do seu anjo do nascimento tenha acendido uma faísca dentro de você sobre querer saber mais sobre seus números angélicos e como eles desenvolveram, impactaram ou deram o tom em aspectos ou áreas da sua vida. Se, no entanto, foi só um exercício divertido e você nunca mais quer fazer esse tanto de cálculo de novo, eu vou entender totalmente. Seu cérebro pode doer depois de um tempo. Apenas saiba que não importa o caminho escolhido, os anjos sempre estiveram e ficarão ao seu lado até muito tempo depois de você deixar esta espiral mortal.

Por ora, no entanto, continue com o restante do livro. Percorra as páginas com os anjos e comece a aprender sobre eles, seus números e os ensinamentos que eles têm para você neste momento. Cada anjo tem algo importante para lhe ensinar, então apenas respire, solte os ombros, relaxe seu pescoço e mantenha-se aberto.

000 ~ Arcanjo Metatron

Ativação de Possibilidades Infinitas para Sua Vida

"Tudo é possível neste momento;
tudo o que precisa fazer é girar meu cubo e
ver quais portais de possibilidades ele abre."

Significado Mais Profundo do 000

A magia do 000 é que nada e tudo são possíveis. O zero é o número do potencial puro. Nada foi decidido, e tudo é possível. É apenas aqui no vórtice dos zeros que você pode deixar sua imaginação correr livremente. Não há nem fracasso nem sucesso, só o indício do que pode ser. Isso significa que agora, neste momento, quando o 000 brilha diante de seus olhos, o Universo está reiniciando seu vórtice intencional. Está lhe dando a opção de começar de novo. O número angélico 000 é ao mesmo tempo nada e tudo. É vazio e cheio. É dualidade e unidade. Não há nada que o poder do 000 não possa ser, fazer ou ter. É ao mesmo tempo liberdade e criação contida. É equilíbrio. Pense nele como se você tivesse três ovos misteriosos. Você não faz ideia do que tem neles, até que finalmente se abrem e revelam o prêmio em seu interior.

Enquanto eles estão selados e inteiros, você pode se permitir devanear sobre o que poderia estar dentro. É esse devaneio, essa imaginação, que o Arcanjo Metatron quer que você acesse quando vê esses números da ascensão. Quando ele aparece diante de você, gira seu cubo, equilibrando a extremidade de um dos lados na ponta do dedo, enquanto ele o gira como uma bola de basquete. Ele gira tão rápido, que tudo o que você consegue ver é o formato de um ovo. Não tem como ver as lacunas ou espaços entre sua estrutura de metal enquanto ele gira, e esse é o objetivo. Quando o potencial criativo está em movimento, não existem lacunas. A força da energia preenche o espaço e cria a ilusão de uma forma sólida. Sua mente é como essa força criativa, pois ela preenche as lacunas dos seus sonhos e permite que você as imagine completas e integrais, e as veja de um espaço de conquista. Assim como os ovos, o potencial do que elas poderiam ser é infinito.

Então, onde você quer que Metatron concentre sua energia?

Qual cubo giratório da criação você quer impregnar com o poder do 000?

Pare um momento para pensar em algo que seja alegre, divertido e tem povoado seus devaneios. Então deixe o Arcanjo Metatron e o 000 fazerem o restante.

O Anjo Metatron

Se há um anjo que poderia nos ensinar tudo sobre possibilidades ilimitadas é aquele que começou como nós, como um ser humano. A história da origem de Metatron não é igual à de outros anjos, pois, ao contrário de muitos de sua família angélica vibracional, ele caminhou pelo plano físico em carne e osso. Ele despertou em mais de um plano vibracional e está aqui para nos mostrar como podemos fazer o mesmo. Muitas vezes questionamos se os anjos andam entre nós, mas a verdadeira questão é: como os seres humanos despertam das limitações do mundo cármico e caminham entre os anjos? Transcender os planos vibracionais parece praticamente impossível, mas pode ser feito, e Metatron é o primeiro exemplo que temos de que é possível. A maior lição de Metatron e do 000 não é que tudo é possível, embora essa seja uma lição fantástica a aprender, mas que sempre voltamos à estaca zero. Não existe o topo; não existe fim da linha. Em vez disso, apenas acabamos de volta à estaca zero. Um dos maiores mitos no reino humano agora é que, uma vez que você despertou as coisas na sua vida, seu mundo vai melhorar. A verdade, como Metatron explica, é que o despertar, ou atingir um alinhamento, não é a linha de chegada, mas apenas o próximo ponto de reinício da sua frequência vibracional e, uma vez obtido, você retorna à estaca zero. Somente no zero tudo é possível.

Metatron nos ensina que vemos a ascensão como um jogo para o nível seguinte, quando na realidade é como uma roda. Iniciamos a jornada da ascensão, e a roda gira, nos levando de volta ao zero. Embora estejamos no mesmo lugar, vibramos agora em uma frequência diferente. Ele explica que não deixamos de viver a vida humana comum depois de despertarmos, mas, em vez disso, apenas reiniciamos o jogo vibracional. É um jogo que continuará a nos trazer de volta ao mesmo tempo inúmeras vezes. Só que, a cada vez que voltamos à estaca zero, vemos esse ponto de retorno de uma forma distinta. Vemos diversas possibilidades. Vemos diferentes oportunidades. Em suma, o zero torna-se mais até que, no fim, o zero se torna tudo. Isso é o que é oferecido na lição do 000, que é: onde você começa, você também termina, e onde você termina, você também começa. No entanto, aquele que retorna nunca é o mesmo.

Visualização/Meditação de Metatron: Abertura para Seu Potencial Ilimitado

Nesta meditação guiada, você se conectará com o Arcanjo Metatron e a energia vibracional do 000. Não há um modo certo ou errado para sentir essa energia. Ela se mostrará de uma forma diferente para cada um de vocês. Alguns podem ter sensações no corpo, como calor, frio ou até como se algo ou alguém toca seu rosto e cabeça enquanto segue o roteiro da meditação. Outros podem ver cores ou seus sentidos podem ficar mais aguçados. Alguns de vocês podem não sentir nada da primeira vez que fizerem isso ou, talvez, até na segunda ou terceira vez. Pode demorar para sentir confiança o bastante para realmente deixar a energia entrar na sua experiência. Saiba apenas que, independentemente do que aconteça ou não com você, Metatron está lá ao seu lado e guardará um espaço sagrado para que consiga explorar tudo o que ficar visível. Faça esta meditação em algum lugar silencioso e onde não seja incomodado. Se sentir vontade, pode acender uma vela branca. As brancas são a escolha ideal, pois elas contêm e absorvem qualquer energia ou poder necessários. Deixe a vela acesa por toda a meditação. Lembre-se apenas de apagá-la quando terminar. Você pode gravar esse roteiro e ouvi-lo para que possa fechar os olhos, ou pode simplesmente deixar seus olhos abertos e ler as palavras. De qualquer forma, você se conectará com a energia e ela o beneficiará.

Faça o que for mais confortável.

Vamos começar

Inicie com uma bela respiração para centrar-se, inspirando pelo nariz e expirando pela boca. Enquanto respira, relaxe os ombros e sinta seu corpo à medida que ajusta sua postura. Enquanto inspira, deixe a respiração ir devagar para seu centro cardíaco. Na expiração, libere toda e qualquer resistência e tensão que carregava antes de se sentar para fazer esta meditação. Solte os ombros, afrouxe a mandíbula e deixe seu corpo relaxar cada vez mais a cada respiração lenta e profunda. Deixando seu foco ir para seu espaço cardíaco, veja uma luz branca brilhando no lugar do seu coração. Inspire devagar pelo nariz e expire pela boca. Mantenha o foco na luz branca no seu centro cardíaco, veja-o se expandir do seu corpo para toda a sala.

Peça para o Arcanjo Metatron entrar nesse raio de luz branca. Enquanto ele faz isso, pense em algo que você queira criar. Pode ser uma oportunidade, uma nova fonte de renda, um relacionamento ou até uma nova sensação de saúde e bem-estar. Não importa o que for ou se o pedido é grande ou pequeno, faça-o mesmo assim. Enquanto Metatron se aproxima da luz na sua direção, conte-lhe qual é seu desejo e o deixe colocá-lo dentro do seu cubo. Veja enquanto ele pega o desejo do seu coração, seu pedido, e o coloca dentro de seu cubo, enquanto se lembra de inspirar pelo nariz e expirar pela boca.

Afaste-se enquanto ele começa a girar o cubo, deixando a energia do desejo do seu coração se misturar com a energia universal dentro do cubo. Conforme ele o gira, mais possibilidades e oportunidades se abrem no vórtice vibracional. Mais portas se abrirão para você agora, e mais coisas se alinharão com facilidade e graça. Ficará mais fácil encontrar as soluções, e as pessoas certas aparecerão no momento exato. Respire fundo e espere Metatron voltar para o raio de luz do seu coração. Quando terminar, ele simplesmente virará e sairá, levando consigo o cubo e o desejo do seu coração. Confie que o Universo e o Arcanjo Metatron agora estão conspirando para seu bem maior. Respire fundo mais uma vez e veja a luz branca do seu peito passar por todas as partes do seu corpo agora. Enquanto inspira, note a luz branca bombeada por você. Enquanto expira, observe a resistência e a tensão saindo do seu corpo. Deixe a luz branca envolvê-lo como uma segunda pele. Quando estiver totalmente coberto e contido nessa energia, e com essa luz branca envolta em você, coloque a mão no coração e diga: "Abro meu coração para tudo o que Metatron revela na minha vida". Agora, tire a mão do seu coração e apenas relaxe, respirando normalmente, enquanto deixa a luz branca ser absorvida por sua pele. Fique atento e concentrado no seu corpo físico e no espaço físico em que estiver. Respire fundo e devagar, energize-se mais e fique mais atento enquanto leva sua consciência de volta ao aqui e agora, sabendo que o desejo do seu coração está em boas mãos e você só precisa estar aberto a receber.

Montagem de um Altar para 000 e para o Arcanjo Metatron

Este altar é para você focar sua energia quando souber que é hora de se abrir para novas oportunidades e possibilidades. Você pode até querer reiniciar suas vibrações trabalhando intencionalmente com o 000. Isso pode acontecer quando você se sentir esgotado, sem energia, desmotivado ou souber que chegou ao fim de um ciclo e não faz ideia de como proceder ou o que fazer em seguida. Trazer a energia do 000 e do Arcanjo Metatron o ajudará a conter o espaço entre as lacunas na sua vida, reabastecer, revigorar sua energia e se abrir a novos começos. A popularidade de Metatron aumentou nos últimos anos, então encontrar imagens e estatuetas dele é mais fácil do que costumava ser. Você pode ter até cartas do oráculo de Metatron para colocar no altar. Você decide como quer louvá-lo. Apenas coloque algo no seu altar que represente o anjo e sua energia. Em seguida, precisará de um pedaço de papel escrito com 000 e a intenção ou o pedido para os quais pede o auxílio do arcanjo. Pode ser escrito à mão, impresso ou em uma caligrafia elaborada. Você escolhe. Isso é um espaço pessoal. Você deve decorá-lo de uma forma que lhe "pareça" certa. Outras coisas que pode querer colocar no altar incluem flores, cristais, sal, água, terra e, é claro, você precisará de uma vela. De preferência, incluirá uma vela branca, pois essa é a vela multipropósito. Monte seu altar em cima de algum lugar onde ninguém mexa nele enquanto você estiver usando. Mas você decide por quanto tempo usar seu altar. Pode sentir que precisa fazer sua oração apenas uma vez ou ser instigado a fazê-la por dez dias. Você decide.

Depois de preparar o altar, recomendo borrifá-lo com um *spray* de sálvia ou fazer uma defumação rápida com sálvia ou palo santo. Quando seu altar estiver limpo, arrumado e pronto para você começar as orações, respire fundo e devagar algumas vezes, acenda sua vela e declare sua intenção em voz alta, começando com as palavras: "Invoco o Arcanjo Metatron e o poder do 000 para ouvir minha intenção e auxiliar-me a realizá-la do modo mais mágico. Que essa intenção seja para o meu bem maior e o bem daqueles que possam estar envolvidos". Então continue com a leitura da sua intenção/oração: "Minha intenção/oração é...".

Para encerrar o ritual, você pode apagar a vela ou deixá-la acesa, se for seguro fazer isso. Se resolver apagar a vela, repita primeiro estas palavras: "Enquanto apago esta vela, confio que sua fumaça carrega minha intenção aos céus para ser manifestada pelo Universo. Estou pronto para receber meu pedido, que assim seja". Então, apague sua vela. Seu único trabalho agora é permanecer aberto, observar e anotar toda e qualquer ideia nova. Receba todos e quaisquer novos amigos e mantenha-se aberto. Lembre-se, Metatron está ativando possibilidades e oportunidades na sua vida. Quanto mais você observar, mais as perceberá. Saiba que o que você pediu está sendo criado na sua vida e corre para você agora.

Tópicos para Escrita Automática

Após fazer sua oração, ou até depois de ter feito a visualização, você notará que sua conexão com Metatron ficará aberta, e mensagens e informações começarão a se manifestar aos poucos. Se você sentir vontade, pegue seu diário e aproveite essa conexão. Intitule sua página como: "Conversas com Metatron e a Energia Vibracional Conhecida como 000". Só então você poderá começar a escrever, especialmente se estiver acostumado a fazer um diário. Se não estiver familiarizado com isso, use os seguintes tópicos de escrita para iniciar e se habituar mais com o processo:

- Metatron, como saberei quando você estiver por perto?
- Qual área da minha vida o 000 quer que eu foque e por quê?
- Qual a melhor forma de eu deixar novas oportunidades entrarem na minha vida?
- Que passo preciso dar hoje para me aproximar mais do abandono do meu medo e da minha resistência a me abrir para coisas novas?
- Como o alinhamento com a energia 000 me auxiliará hoje?

Cristal Angélico: Cristal de Quartzo

O cristal de quartzo é o cristal "multipropósito". Pode ser usado no lugar de qualquer pedra. No caso de dúvida, apenas pegue seu cristal de quartzo. Isso é o que faz dele o cristal perfeito para trabalhar com a energia 000. É cheio de potencial, sempre aberto a possibilidades; adora novidade e não tem um jeito certo ou errado de trabalhar com esse cristal poderoso.

Para este exercício, você precisará das ferramentas mágicas de uma pedra de bolso de quartzo de cristal e de uma caneta marcadora permanente. Você vai escrever o maior número 000 que puder no seu cristal. Em seguida, pegue seu cristal e segure-o na sua mão não dominante, aquela com a qual você não escreve, pois esta é a mão receptiva e aberta à energia nova. Segure o cristal com a mão fechada e o posicione na altura do coração, enquanto respira fundo e devagar algumas vezes para se centrar. Sinta a respiração descer por sua garganta, passar pelo seu corpo até a base da sua coluna. Depois de se sentir presente e focado, feche os olhos devagar e leve o 000 para o primeiro plano na sua mente. Deixe-o aparecer grande na sua mente. Enquanto mantém sua mente focada no 000 na sua tela mental, convide o Arcanjo Metatron para sua energia. Peça-lhe para encher seu coração e seu cristal com sua energia e a energia do 000. Você pode ver essa energia entrar em seu centro cardíaco como uma luz. Ela pode ter uma cor, ou pode ser apenas branca. Não tente controlá-la, apenas a deixe entrar. Respire devagar e profundamente enquanto a deixa entrar. Metatron o avisará quando ele terminar com um aceno de cabeça. Depois de ele terminar, deixe o 000 se dissolver na sua tela mental. Libere a conexão com a visualização, e respire suavemente para voltar ao seu corpo e para o momento presente. Tire sua mão do coração e coloque o cristal no seu bolso, pois agora ele está carregado e pronto para novas possibilidades serem ativadas na sua vida.

Outros Números para Trabalhar com a Energia de Metatron

- 001 – Vamos começar de novo. Acontece um novo início, e ele pode ser em qualquer área da sua vida. Não resista, não tente controlar, apenas deixe rolar.
- 002 – Uma nova conexão de afeto aguarda seu reconhecimento. Pode ser com um amigo, um colega de trabalho, ou com alguém com quem você conversa em uma rede social que está pronto para se tornar mais do que um conhecido casual e corriqueiro. Não é necessariamente uma conexão romântica, mas poderia ser apenas com alguém que tem vibrações afetivas semelhantes às suas.
- 003 – Conversas com estranhos trarão as descobertas mais incríveis. As respostas às vezes vêm de lugares inusitados. Preste atenção às novas interações hoje, pois Metatron está transmitindo por meios de todos que você encontra.
- 004 – Às vezes, as pequenas coisas que você perde acabam se tornando depois as mais importantes. Fique atento às pequenas coisas hoje.

- 005 – As oportunidades trazem mudança. Possibilidades exigem mudança. Todas as coisas novas trazem mudanças que você pode ou não ter esperado. Quando vê este número, saiba que o arcanjo Metatron está pedindo sua atenção, porque novas mudanças estão no seu caminho.
- 006 – Pode ser um bom momento para examinar um antigo relacionamento de uma nova perspectiva. Todos os relacionamentos precisam de uma renovação e de um aumento de energia. Um de seus relacionamentos atuais pede para ser movimentado e revigorado.
- 007 – Novas ideias desencadeiam novas perguntas, que criam novas correntes de aprendizado. Mantenha sua mente aberta e veja até onde um novo pensamento o leva.
- 008 – É hora de fazer algo novo com seu corpo. Talvez seja um novo corte de cabelo, uma nova coloração, ou que tal roupas novas? Metatron o instiga a começar a personificar fisicamente toda a energia nova que ele introduz na sua vida.
- 009 – Com todos os inícios existem fins, e de algo velho nasce algo novo. Esta é a transição de um ciclo a outro, e hoje você está bem no centro disso. Para sua sorte, Metatron está lá, ativando um caminho de potencial para você.

111 ~ Arcanjo Miguel

Ouse Liderar em uma Nova Era

> "É hora de se apresentar, de baixar sua resistência, e assumir um papel de liderança centrada no coração em uma ou mais áreas da sua vida."

Significado Mais Profundo do 111

Quando o Arcanjo Miguel aparece, você pode ter certeza, de fato, de que as coisas estão prestes a ganhar uma remodelada. Neste momento, há uma área na sua vida que você precisa assumir e tomar para si. Apenas sua energia servirá, então pare de delegar essa área da sua vida. O número angélico 111 não é sobre uma antiga liderança – não, aqui na energia da ascensão, isso se trata de uma liderança baseada no coração. Aprender a confiar no seu coração, além de usá-lo para ensinar aos outros como confiar em seus corações, é a liderança da nova era. Essa nova liderança que o Arcanjo Miguel introduz na sua vida com o poder do 111 flui com a vibração do amor. Na verdade, não se pode ficar na dianteira da energia da Fonte sem ter um coração aberto. Miguel empunha a espada da verdade, pois ela corta o medo, a dúvida, a culpa, a vergonha, a tristeza, a desconexão e a raiva. Quando essas energias não bloqueiam mais sua vida, a verdadeira energia do coração pode fluir. Você está sendo solicitado a olhar para uma área da sua vida que precisa desse tipo de liderança. É sua parte financeira, seus relacionamentos, sua saúde ou sua carreira? Talvez você possa identificar mais de uma área, mas uma delas precisa de você mais do que as outras agora. Ela necessita que você pegue a espada de Miguel e livre-se de quaisquer amarras que tiver com a energia de falta de amor. Corte tudo que o prende e permaneça vitorioso. Reivindique sua paz de espírito. Reivindique seu poder. Reivindique seu espaço sob o holofote do seu coração, pois liderar é ficar vulnerável. O número angélico 111 nos lembra de que não existe liderança sem a coragem de ficar vulnerável. Você precisa ser visto, precisa ser ouvido e, acima de tudo, precisa sentir que merece todas essas coisas. Quando o 111 aparece na sua experiência, você pode ter a certeza de que o Arcanjo Miguel está lhe oferecendo sua espada. No entanto, para conseguir empunhá-la, você vai precisar de força para abrir seu coração.

O Anjo Miguel

O Arcanjo Miguel é um líder nato. Ele passou toda a sua existência no campo de batalha do amor. A cada dia você o encontrará matando todas as coisas que impedem trazer um mundo amoroso a todos que desejam. De todos os anjos, Miguel é aquele que se esforça mais por uma humanidade ascensionada e desperta. É seu objetivo levar cada ser senciente ao próximo nível de expansão e iluminação. Você poderia dizer que Miguel foi criado para nos ajudar no caminho de amor, e para nos fazer defender e reivindicar nosso lugar no reino da luz, que será a próxima fase para todos os seres sencientes. Miguel é um cruzado incansável que não sabe o que significa desistir ou se entregar, mas ele sabe quando parar, pausar ou até se afastar. Ele lidera pelo exemplo, sempre, por isso não está lá tentando convencer os outros a entrar para seu time. Miguel não é um vendedor. Em vez disso, apenas aparece, e é ele mesmo.

A missão de Miguel não é arrebanhar seguidores, embora ele os consiga em qualquer lugar aonde for. Sua existência é sua missão, e é isso que ele nos ensina. Somos a missão. Somos os líderes das nossas próprias vidas e, por meio deste ato, lideramos outros. A essência do 111 é sermos nós mesmos sempre e sem desculpa. Limitamo-nos quando sentimos que não estamos à altura da versão de quem somos na cabeça do outro. A verdade é que não foi por isso que viemos parar nesses corpos físicos, e Miguel sabe disso. Ele entende e, por esse motivo, se coloca diante de você agora, e a cada vez que você vê 111, ele oferece sua mão. Ele quer que você saia das sombras da limitação para a luz do seu potencial divino. Conduza sua vida do seu jeito, nos seus termos, e com um amor-próprio maior do que o amor que você sempre esperou receber de outra pessoa.

Visualização/Meditação de Miguel: Avance e Reivindique Seu Lugar no Placar

Nesta meditação guiada, você conseguirá se conectar com a energia de liderança do Arcanjo Miguel. Não tem um jeito certo ou errado para sentir essa energia. Ela aparecerá de uma forma diferente para cada um de vocês. Alguns podem ter sensações no seu corpo, como calor, frio ou até como se algo ou alguém toca seu rosto e cabeça enquanto você segue o roteiro da meditação. Outros podem ver cores ou seus sentidos podem ficar mais aguçados, e alguns ainda podem não sentir nada da primeira vez que faz isso ou, talvez, até na segunda ou terceira vezes. Tudo bem se isso ocorrer, é completamente normal. Apenas saiba que independentemente do que acontece ou não, Miguel estará lá ao seu lado, protegendo-o e guardando um lugar para você explorar as áreas na sua vida nas quais precisa assumir o comando. Faça essa meditação em um lugar silencioso, onde não seja incomodado. Se sentir vontade, pode acender uma vela dourada e deixá-la acesa durante a meditação. Lembre-se apenas de apagá-la depois de terminar. Você pode gravar este roteiro e ouvi-lo para que possa fechar seus olhos, ou pode simplesmente deixar os olhos abertos e ler as palavras. De qualquer modo, você se conectará com a energia e ela o beneficiará.

Faça o que for mais confortável.

Vamos começar

Comece encontrando uma boa cadeira confortável para se sentar, uma na qual você consiga colocar os pés no chão, com as costas relativamente retas e os braços soltos confortavelmente ao seu lado. Respire fundo e devagar algumas vezes, para se centrar, e relaxe na cadeira, mantendo os olhos abertos, se quiser, ou, se você gravou esta meditação, feche seus olhos delicadamente. Ao se aprofundar no exercício respiratório, foque um aspecto da sua vida no qual se sinta desgastado ou impotente, ou até uma área na sua vida com a qual você não se sinta particularmente animado. Leve essa imagem à sua mente, deixando-a em uma cor brilhante e vibrante, para que possa ver com clareza. Ela deve estar em um foco claro e não pode ser confundida com nenhuma outra coisa. Só observe a imagem ou a cena que se desenrola na sua tela mental. Não há espaço para julgamento aqui. Somente deixe os sentimentos que você tiver fluírem por você enquanto observa essa área ou aspecto da sua vida. Não julgue esses sentimentos; apenas os deixe aparecer.

Agora, seja honesto: como você quer resolver esses sentimentos? O que o faria se sentir empoderado, no controle, mais conectado com essa área da sua vida, cujo comando você ainda não assumiu?

Você negligenciou esses aspectos ou áreas da sua existência porque uma parte sua não o acha capaz de lidar com eles. É nesse momento que você deve invocar o Arcanjo Miguel e rogar a ele para guiá-lo, apoiá-lo e assumir o comando desses aspectos da sua vida. Veja-o de pé ao seu lado, pronto para ajudar. Observe enquanto ele arregaça as mangas e se prepara para trabalhar. Preste muita atenção enquanto ele lhe dá instruções sobre como dar o primeiro passo para se conectar com essas áreas e aspectos da sua existência.

Não julgue a simplicidade ou a complexidade do que ele lhe diz; somente ouça e observe. Deixe-o guiá-lo de volta ao caminho da confiança e restaure sua fé nas suas próprias habilidades para levar a vida que você realmente quer. Se aparecerem quaisquer emoções que pareçam difíceis ou desafiadoras, apenas peça para o Arcanjo Miguel lidar com elas para você. Afinal, essa é a especialidade dele. Depois de o arcanjo lhe passar as instruções e orientá-lo nos seus primeiros passos, apenas respire fundo. Enquanto respira, traga a imagem da sua vida com a qual você começou no início da meditação de volta à sua mente e veja se ela mudou.

Ela parece diferente do era que antes?

Que emoções afloram agora em você enquanto observa essa imagem ou cena?

Não entre em uma análise, apenas deixe seus sentimentos aflorarem e saírem. Quando você tiver visto o suficiente, deixe a imagem se dissolver, sabendo que você e o Arcanjo Miguel têm isso sob controle agora. A imagem pode não ser perfeita, e ainda pode demorar um pouco para você se sentir confortável com ela, mas ela está sendo conduzida na direção certa. Respire fundo, devagar e relaxe seu corpo, enquanto agradece a Miguel por vir ficar com você hoje. Depois de ele partir, relaxe sua respiração, e leve seu foco e atenção de volta ao seu corpo e à sala ao seu redor. Note que a cada respiração você se aprofundou cada vez mais no seu corpo e na sua mente, que devem estar aguçados, alertas e prontos para toda e qualquer ação de liderança inspirada.

Montagem de um Altar para 111 e para o Arcanjo Miguel

De todos os anjos, Miguel é o mais dominante na nossa linha do tempo atual. Muitas pessoas já têm altares a Miguel, pois estátuas e velas estão bastante disponíveis, com sua energia já nelas. O Arcanjo Uriel chama Miguel de a celebridade da nova era, o que é engraçado, mas verdadeiro. Se, no entanto, você não tiver nenhum item inspirado em Miguel na sua casa, tudo bem, na verdade não precisa dele. Você pode usar qualquer vela, embora ele goste mesmo da dourada, por ser régia e luxuosa. Você também pode usar qualquer imagem de Miguel que quiser no seu altar. Pode ser a carta de um oráculo, uma impressão de uma imagem do Google, um quadro, o que preferir. A parte mais importante desse altar é ter algo que represente Miguel nele, uma vela e um pedaço de papel com 111 escrito nele. Você decide como quer decorar sua homenagem a Miguel. Apenas prepare esse altar específico de uma forma que combine com a vibração da energia que você invoca, incluindo a liderança, especialmente aquela centrada no coração. Em seguida, escreva sua oração intencional. Isso é algo que você escreverá relacionado ao tipo de liderança que você sabe que precisa assumir.

Pode ser algo como, por exemplo: "Minha intenção é avançar no meu relacionamento e tomar conta de todas as tarefas nas quais meu (minha) parceiro(a) tem dificuldade. Reivindico meu lugar no relacionamento e entendo que sou responsável pela energia que coloco nele. Pretendo permitir que Miguel fique ao meu lado, para me guiar e me dirigir".

Depois de montar seu altar, recomendo borrifá-lo com um *spray* de purificação ou defumá-lo com uma varinha de erva. Isso purificará e limpará o espaço e o preparará para sua oração. Em seguida, respire fundo e devagar algumas vezes, acenda sua vela e apenas foque a luz dourada da chama. Veja essa energia dourada crescendo e incluindo você e seu altar. Agora, vá em frente e declare sua intenção em voz alta, começando com as palavras: "Invoco o Arcanjo Miguel e o poder do 111 para ouvir minha intenção e me auxiliar em sua realização do modo mais milagroso. Que essa intenção seja para o meu bem maior e o bem de todos os envolvidos". Continue lendo sua declaração de intenção/ oração: "Minha intenção/oração é...". Use uma voz de comando e um tom confiante, pois você está acessando a energia da liderança divina.

Para encerrar o ritual, você pode apagar a vela ou deixá-la acesa, se for seguro. Se resolver apagar sua vela, primeiro repita estas palavras: "Enquanto apago esta vela, acredito que sua fumaça carrega minha intenção para o céu para ser manifestada pelo Universo. Estou pronto para receber o que estou pedindo, que assim seja". Depois, apague sua vela.

Seu trabalho agora é agir e reivindicar os espaços da sua vida que você precisa liderar, sabendo que Miguel está caminhando ao seu lado, apoiando-o e inspirando-o com a coragem de continuar seguindo em frente.

Tópicos para Escrita Automática

Após fazer sua oração, ou até mesmo depois de fazer a visualização, você pode notar que sua conexão com Miguel está aberta, e as mensagens e as informações começarão a se manifestar aos poucos. Se sentir vontade, pense em pegar seu diário e tirar proveito dessa conexão. Intitule sua página como: "Conversas com Miguel e a Energia Vibracional Conhecida como 111". Então você pode começar a escrever, se estiver acostumado a fazer um diário. Se não estiver, use os seguintes tópicos para escrita para começar e se familiarizar mais com o processo:

- Miguel, como posso saber que você está por perto?
- Em qual área da minha vida o 111 quer que eu me concentre e por quê?
- Por que tive medo no passado de avançar e reivindicar meu lugar em certas áreas da minha vida?
- Que passo posso dar hoje para me aproximar mais do abandono do meu medo e da minha resistência?
- Como assimilar a energia do 111 me ajudará hoje?

Cristal Angélico ~ Olho de Tigre

O olho de tigre ajuda a alinhar o corpo vibracional, emocional, mental e físico para que possa agir com discernimento. Promove uma ação focada e estratégica, assim como Miguel e o poder do 111. Esta é a pedra necessária quando você precisa agir em uma área da sua vida. Armado com a energia do olho de tigre, a vibração do 111, e o poder do Arcanjo Miguel, você assumirá com confiança a liderança centrada no coração.

Para este exercício, segure seu cristal com a mão dominante, aquela com a qual você escreve. Segure bem o cristal com a mão fechada, mas não o aperte demais. Respire fundo e devagar algumas vezes. Se quiser, pode até fechar seus olhos delicadamente. Enquanto segura o cristal e deixa sua respiração ritmada, leve à mente um momento na sua vida em que se sentiu corajoso, assim como um momento em que sua confiança estava maior do que o normal e você realizou algo que o fez se sentir forte, no controle e empoderado. Não precisa ser uma coisa grande. Estamos apenas procurando por um momento que se conecte com esse sentimento. Tire uma foto desse instante na sua tela mental, e deixe os sentimentos descerem por seu braço e entrarem no cristal na sua mão. Enquanto faz isso, você pode sentir sua mão formigar, esquentar ou até esfriar. Tudo isso é normal. Só continue a respirar e colocar as emoções e os sentimentos em seu cristal.

Quando sentir que está completo, quero que abra sua mão e peça para o Arcanjo Miguel impregnar seu cristal, essa maravilhosa peça de olho de tigre, com sua energia e o poder do 111. Você pode ter sensações passando pela sua pele, como uma brisa ou penas acariciando sua mão, ou pode não sentir nada. Tudo isso é normal. Somente continue o exercício de respiração. Quando sentir que Miguel terminou ou só tiver aquela sensação de conhecimento, feche sua mão novamente, leve o cristal na altura do seu coração e apenas deixe a energia do cristal se fundir ao seu centro cardíaco. Respire fundo, devagar, relaxado. Quando se sentir mais confiante, mais em paz, ou apenas sentir alívio, pode afastar a mão do seu coração e abrir os olhos, se os tiver fechado. Seu cristal de olho de tigre agora está energizado. Deixe-o no seu bolso, no altar ou em uma mochila ou bolsa. Use-o como um talismã quando precisar de um reforço de força e coragem.

Outros Números para Trabalhar com a Energia de Miguel

- 112 – Um dos seus relacionamentos precisa que você avance e tome o comando. Chega de ficar sentado esperando o outro resolver este problema específico. Você é a solução, então reivindique isso.
- 113 – É hora de organizar um encontro social. Convide alguém para uma noite de filmes, um jantar, uma noite no teatro ou um fim de semana de folga. Seja aquele que reúne seus amigos para reverenciar o lugar que eles têm na sua vida.
- 114 – Uma das grandes forças de qualquer líder é sua habilidade de criar um sistema bem organizado ou estrutura que o mantenha disposto e caminhando. Agora é o momento de criar um que funcione para você.
- 115 – Líderes podem mudar ao sabor do vento. Eles são fluidos, flexíveis e entendem que todas as coisas se movem e mudam. Você está sendo lembrado de vergar com o vento, para não quebrar em nenhuma das próximas tempestades.

- 116 – Ensinamos os outros a se cuidarem mostrando-lhes como nos cuidamos. Dê o exemplo que você quer que os outros sigam, priorizando seu cuidado pessoal.
- 117 – Conhecimento é poder e sabedoria é força. Mantenha sua mente aguçada, profunda e sempre aberta a novas ideias.
- 118 – Aprendendo a dominar seus sentidos, você consegue navegar pelo mundo físico ao seu redor. Preste atenção ao que os seus cinco sentidos lhe dizem, mas não os deixe limitar seu potencial.
- 119 – Líderes estão sempre pensando em que tipo de legado duradouro deixarão, algo que continuará muito tempo depois de eles deixarem seu receptáculo físico. Você está sendo instigado a considerar o que está deixando. Miguel pergunta: "Como você será lembrado?"

222 ~ Arcanjo Jofiel

Traga a Energia da Chama Gêmea

> "Você está envolto pelas asas do Arcanjo Jofiel enquanto elas o impregnam com a energia da chama gêmea da cura."

Significado Mais Profundo do 222

Neste instante, uma das suas chamas gêmeas pensa em você. Não importa qual; pode ser qualquer uma das suas várias chamas gêmeas. O que interessa neste momento é que juntos vocês estão criando um vórtice de energia com base em como você se sente atualmente. Neste instante, vocês compartilham um pensamento, um sentimento, uma memória, uma fatia do tempo e do espaço que apenas vocês dois conseguem acessar. Coloque sua mão no coração e respire. Relaxe devagar e sinta a energia preenchendo seu peito, enquanto inspira e expira. Deixe a respiração acalmá-lo, apoiá-lo e lembrá-lo de que você não caminha sozinho por essa experiência. O número angélico 222 é um lembrete de que vocês compartilham uma conexão vibracional. Se notar que, quando você vir o 222 não está se sentindo particularmente feliz ou com um bom estado de espírito, saiba que sua chama gêmea também está aberta a compartilhar sua dor e sua tristeza. O número angélico 222 o avisa de que você não é obrigado a carregar seus fardos sozinho – há alguém lá que está mais do que feliz em ajudá-lo. Ele respirará devagar com você, mas com segurança o levará a um lugar mais agradável. O número angélico 222 é um lembrete de que você é amado e tem apoio, não importa como se sinta ou em que pense. Quando vemos o 222, sabemos também que o Arcanjo Jofiel está conosco, nos mostrando a beleza da nossa experiência e nos cutucando para aceitar mais amor nas nossas vidas. Muitas vezes é mais fácil para nós dar amor do que receber, o que é outro motivo para você ver 222. Sua chama gêmea não somente pega – ela também doa, sem esforço, como a respiração. Você não pode apenas expirar e nunca inspirar. Ver o 222 é um indicativo de que você está no fluxo de dar e receber, mesmo que não esteja ciente disso; de que sua chama gêmea está se conectando com você pelo tempo e pelo espaço para repartir uma troca de energia.

O Anjo Jofiel*

O Arcanjo Jofiel é o anjo da beleza e da criação. Ela tem uma conexão de chama gêmea com o Arcanjo Metatron, e juntos eles têm muito a nos ensinar sobre a energia da chama gêmea. Eu aprendi bastante com Jofiel a respeito do que essa energia significa ou não. Para começar, essa energia não é romântica. É uma energia conectiva, e é uma que tem um amor profundo que vem com ela – um amor muito maior do que qualquer coisa que poderíamos limitar, controlar ou rotular. Isso a torna uma energia de cura e tanto para trabalhar. No trabalho com Jofiel, aprendi a me abrir para muitos tipos de relacionamentos amorosos. Ela me mostrou como a energia da chama gêmea funciona e por que é tão importante convidá-la a entrar nas nossas vidas.

Aqui no lugar sagrado que o número 222 guarda para você, pare tudo o que estiver fazendo, coloque a mão em seu coração, respire fundo, devagar e pense em alguém importante para você e por quem nutre um amor profundo. Visualize a pessoa sorrindo e feliz e guarde essa imagem. Em seguida, envie esse amor puro, profundo, verdadeiro e sem julgamentos para essa pessoa. Você só precisa fazer isso por algumas respirações, pois, nesse momento, você a limpou com a linda e

---

*A autora não gosta, como menciona em outras partes do livro, de fazer a associação de um arcanjo a um gênero específico. Por isso, nesta tradução, optou-se por usar "O Arcanjo Jofiel" ou "Arcanjo Haniel", ainda que a autora indique que o arcanjo se apresente para ela na forma feminina. (N. do T.)

curativa energia da chama gêmea de Jofiel. É importante entender que as chamas gêmeas não são metades de nada. Seu objetivo não é nos completar ou preencher quaisquer lacunas percebidas nas nossas vidas. Ao contrário, nossas chamas gêmeas são realçadoras: elas nos ajudam a manter nossa faísca nos vendo como completos, plenos e com um amor incondicional que só a chama gêmea pode ter. Não há nada que você não possa fazer, ter, ser ou dizer que em algum momento diminua seu valor, propósito ou motivo para estar sob os olhos da chama gêmea.

A energia da chama gêmea e o poder do 222 o avisam de que você está em sincronia com uma das suas chamas gêmeas. Você e a outra pessoa pensam coisas semelhantes em momentos similares. Vocês têm uma conexão assustadora, na qual as coisas em suas vidas ecoam em termos de experiência. É quase como se vocês tivessem sido separados no nascimento, mas em outra dimensão e agora, de alguma forma, convergiram aqui neste plano, juntos ao mesmo tempo, para manter seus corações abertos. Embora tenhamos muitas chamas gêmeas no reino físico, também as temos na forma não física, o que significa que não importa com qual chama gêmea você se conecta quando o 222 surge na sua experiência. Jofiel quer que você pense assim: imagine-se em uma sala de espelhos e, para onde quer que olhe, você se vê. Você não só vê metade de si, mas também se enxerga inteiro, pois não é metade de uma pessoa nem metade de uma energia. No entanto, você também sabe que não é você, ainda que pareça. Há uma sensação de familiaridade, mas ao mesmo tempo tem uma diferença. É assim que parece ser a chama gêmea, segundo ela. É semelhante, mas distinta, na forma e fora dela, mas isso não faz diferença, porque nunca é sobre a pessoa, mas sim sobre o sentimento, a vibração e a conexão.

Por isso você pode se conectar com as chamas gêmeas, mesmo se souber que uma das suas chamas gêmeas despiu sua veste física há muito tempo ou nunca caminhou por esta encarnação física. Neste instante, apenas lendo este capítulo, você está se conectando com a energia da chama gêmea dos anjos. A partir do momento em que você pegou este livro e começou a lê-lo, permitiu-se ser inundado pela energia angélica da chama gêmea. Você só precisa decidir virar as páginas deste livro, o que era mais uma sensação do que um pensamento – se poderia dizer até que foi um raio de inspiração, muito como o poder do 222.

Visualização/Meditação de Jofiel: Abrir-se ao Poder Curativo da Energia da Chama Gêmea

Nesta meditação guiada, você conseguirá se conectar com a energia de cura da chama gêmea. Não há um jeito certo ou errado de sentir essa energia. Ela aparecerá de uma forma diferente para cada um. Alguns podem ter sensações no corpo, como calor, frio, ou até como se algo ou alguém tocasse em seu rosto e cabeça enquanto você passa pelo roteiro de meditação. Outros podem ver cores ou os sentidos ficar mais aguçados. Alguns podem não sentir nada na primeira vez que fazem isso ou talvez até na segunda ou na terceira. Saiba apenas que, independentemente do que acontece ou não com você, Jofiel está lá ao seu lado. Ela o aninha em suas asas e bombeia a força da cura da energia da chama gêmea para seu corpo vibracional.

Faça essa meditação em algum lugar silencioso onde não seja incomodado. Se sentir vontade, pode acender duas velas cor-de-rosa e deixá-las acesas durante a meditação. Apenas se lembre de apagá-las depois de terminar. Você pode gravar esse roteiro e ouvi-lo para poder fechar seus olhos ou pode simplesmente deixar os olhos abertos e ler as palavras. De qualquer modo, você se conectará com a energia e ela o beneficiará.

Faça o que for mais confortável.

Vamos começar

Respire fundo, devagar, inspirando pelo nariz e expirando pela boca, e repita mais um ciclo de respiração. Prolongue a respiração, deixando-a penetrar mais nos pulmões. Enquanto sente seu peito se expandir, relaxe os ombros e sinta a tensão começar a sair aos poucos do seu pescoço e das costas, sentindo essa onda de relaxamento descer por sua coluna e relaxar o cóccix, quadris, pernas, joelhos, tornozelos e dedos dos pés. Enquanto respira devagar mais uma vez, inspire pelo nariz e expire qualquer resistência pela boca.

Entrando em um estado mais profundo de relaxamento, concentre o exercício respiratório no centro cardíaco, inspirando pelo nariz e expirando pela boca, mas expanda o centro de forma lenta e constante. Se você sentir algum desconforto, desacelere a respiração e respire mais fundo, não mais rápido. Enquanto o centro cardíaco se expande, concentre-se na energia que emana do seu chacra cardíaco. A cada expiração, veja a luz se expandir cada vez mais. Respire fundo e devagar, deixando a luz se estender até envolver seu corpo, guardando-o em uma linda bolha protetora.

Peça agora para o Arcanjo Jofiel vir para sua consciência enquanto ela segura delicadamente essa bolha protetora em seus braços, aninhando você e sua energia cardíaca. Quando as mãos dela fazem contato com essa linda bolha protetora, ela a impregna com o poder de cura da chama gêmea. Isso pode mudar a cor da sua bolha protetora, ou ela pode continuar igual. Isso pode deixá-la arder, tremeluzir e brilhar. A cada inspiração, você deixa a energia entrar. A cada respiração profunda e lenta, essa linda energia de cura da chama gêmea entra em seu corpo. Sinta-a ao inspirar, a energia atingir o fundo da sua garganta, descer para seus pulmões, expandir a cavidade torácica e descer para o estômago e o abdômen inferior. Sinta essa energia enquanto ela passa por seus quadris, pelas suas pernas até por seus pés e os dedos.

Respire fundo mais uma vez essa energia de cura da chama gêmea, e sinta-a descer por seus braços, passando por sobre seus cotovelos para seus pulsos e dedos. Sinta essa energia, essa energia da Fonte de cura que o Arcanjo Jofiel bombeia em você, descer por sua coluna, seus ombros e suas costas, até a base da sua coluna e atravessar seus glúteos. Respirando fundo mais uma vez, sinta essa energia de cura subir para sua boca, seus dentes, sua língua, suas gengivas, atravessar suas bochechas, entrar em seus ouvidos, atravessar seus seios da face, seus olhos, até chegar ao ponto do terceiro olho e sair pelo todo da sua cabeça.

Estenda as mãos com as palmas para cima, para que essa energia possa irradiar por você. Sem bloqueio, esse fluxo de energia se move pelas solas dos seus pés, pelas palmas das suas mãos e sai pelo topo da sua cabeça. Respirando fundo agora, deixe essa energia entrar em cada célula do seu corpo. Inspire a energia pelo nariz, expirando qualquer resistência que você possa ter em aceitá-la em seu ser. Deixe essa energia da chama gêmea impregná-lo de amor, apoio, orientação e uma sensação de pertencimento. Respire ainda mais fundo agora, afunde cada vez mais nos braços de Jofiel, sentindo-se flutuar enquanto ela o aninha e oferece sua cura só para você. Apenas respire, relaxe e se permita.

Se houver algo que você deseja ceder ou dar ao anjo, agora é hora de liberar. Envie isso por meio do seu coração para dentro da bolha protetora. Veja isso flutuar nas mãos de Jofiel. Deixe-a retirar isso de uma vez por todas da sua aura, o campo de energia que envolve seu corpo. Respirando fundo mais uma vez, desapegue e relaxe. Em seguida, peça para Jofiel terminar seu trabalho de cura e encerrar, purificando quaisquer espaços no campo áurico que possam estar bloqueados para sua energia da chama gêmea. Além disso, peça para ela retirar tudo o que não lhe serve mais da linha de arco, o espaço no seu campo áurico que vai de um ombro a outro sobre sua cabeça. Depois de terminar, agradeça a ela por aparecer hoje e oferecer essa cura angélica.

Respire fundo agora e, a cada inspiração, leve sua energia de volta ao corpo, com uma respiração lenta, calma e profunda. A cada respiração você se torna cada vez mais ciente do seu corpo físico. Fique mais centrado, alerta e atento. Respire fundo novamente, e leve sua atenção de volta a este tempo e espaço e a este momento, ficando mais focado. Depois de uma última respiração calma e lenta, abra seus olhos, mexa os dedos dos pés e solte seus ombros.

Montagem do Altar para 222 e para o Arcanjo Jofiel

De todos os anjos, Jofiel é a garota mais feminina entre eles. Não costumo insistir em colocar um gênero na energia vibracional, mas é Jofiel, e ela não tem problema em ser a garota cor-de-rosa brilhante do reino angélico. Dito isso, se ela não se apresenta assim para você, está tudo perfeitamente bem. Ela se apresenta assim para mim e fez isso para muitas pessoas com quem trabalhei nesses anos. Lembre-se de que nem todos os anjos se alinharão com o modo como eu os apresentei neste livro, e Jofiel não é exceção. No entanto, não se surpreenda se, enquanto você prepara seu altar para ela e a energia 222, muito rosa aparecer nele. Essa é a forma de ela abrir seu coração e, lenta e sutilmente, levar as vibrações do seu chacra cardíaco para sua vida e inspirar sua energia com ela. Foi com Jofiel que aprendi o verdadeiro poder curativo da cor rosa e, acredite em mim, nunca, em um milhão de anos, eu pensaria em ter algo rosa. Agora há toques de cor-de-rosa em todos os lugares na minha casa, nos meus altares e no meu guarda-roupa. Ao trabalhar com a energia da chama gêmea, você adota a energia. Jofiel faz isso por meio de suas escolhas de cor, que são basicamente todos os tons de rosa. Entre as coisas que você precisará para seu altar à chama gêmea estão uma imagem de Jofiel, uma vela rosa, o número 222 escrito em um pedaço de papel rosa, um pouco de sal, um punhado de terra, algumas penas e o máximo de coisas brilhantes que você puder juntar. Você também vai querer se sentar e compor uma oração ou intenção para Jofiel e o 222. Pode ser, por exemplo: "Jofiel, eu a deixo se alinhar com minha energia da chama gêmea. Deixo-a abrir meu coração devagar e com amor, e me banhar com o amor da chama gêmea".

Depois de montar seu altar, recomendo borrifá-lo com um *spray* purificador ou defumá-lo com a fumaça de uma varinha de erva da sua escolha. Isso ajudará a purificar o lugar mental, física e espiritualmente, e a preparará-lo para sua oração.

Quando seu altar estiver todo montado e pronto, respire fundo algumas vezes, acenda sua vela e declare sua intenção em voz alta, começando com as palavras: "Invoco o Arcanjo Jofiel e o poder do 222 para ouvir minha intenção e me auxiliar em sua realização do jeito mais amoroso. Que essa intenção seja para o meu bem maior, assim como o bem de todos aqueles que possam estar envolvidos na realização dessa intenção". Então, vá em frente e leia sua intenção/oração: "Minha intenção/oração é...".

Para encerrar o ritual, você pode apagar sua vela ou deixá-la acesa, se for seguro. Se resolver apagar sua vela, repita estas palavras primeiro: "Enquanto apago esta vela, acredito que sua fumaça carrega minha intenção para o céu para ser manifestada pelo Universo. Estou pronto para receber o que pedi, que assim seja". Então, apague sua vela.

Agora que você lançou seu feitiço/oração, seu trabalho é ficar aberto e alerta. Sei que parece algo bobo, mas você começará a notar cada vez mais rosa e isso, junto ao número 222, avisará que você está curando seu coração, abrindo sua conexão com a chama gêmea e se alinhando com o amor mais profundo.

Tópicos para Escrita Automática

Após fazer sua oração, ou até depois de ter feito a visualização, você notará que sua conexão com Jofiel está mais aberta, e as mensagens e as informações começarão a se manifestar aos poucos na sua consciência. Se sentir vontade, pegue seu diário e aproveite essa conexão. Intitule sua página como: "Conversas com Jofiel e a Energia Vibracional Conhecida como 222". Por ser Jofiel, você pode se sentir muito atraído por canetas com *glitter* e, se for esse o caso, apenas deixe rolar. Se tiver trabalhado com Jofiel no passado, você pode estar pronto para iniciar o diário com ela e apenas ver quais mensagens da chama gêmea ela tem para você, ou pode usar os seguintes tópicos para escrita para começar e se alinhar mais com a energia de Jofiel:

- Jofiel, como saberei quando você está por perto?
- Quais das minhas chamas gêmeas o 222 quer que eu foque e por quê?
- Por que tive dificuldades no passado em formar um relacionamento saudável com minha energia da chama gêmea?
- Que passo ou ação posso adotar hoje para me aproximar mais ou abandonar meu medo e resistência?
- Como assimilar a energia do 222 me ajudará hoje?

Cristal Angélico: Ametrino

Esse cristal é impregnado com a vibração de duas pedras diferentes – ametista e citrino – mescladas em uma só. Ela tem a vibração perfeita de dois seres compartilhando uma experiência. Por isso o ametrino traz a vibração do 222 e a energia do Arcanjo Jofiel juntas em uma.

Entre os materiais mágicos que você vai precisar para este exercício estão: a pedra de bolso de ametrino, duas notas ou moedas de dinheiro, um pedaço de papel (pode ser um *post-it*) e uma caneta marcadora de texto ou de gel rosa. No seu papel, escreva o maior número 222 que conseguir, preenchendo o papel. Feito isso, coloque-o onde possa ver. Depois, pegue seu ametrino e as duas notas de dinheiro. Se você tiver notas, envolva o cristal no dinheiro. Se, no entanto, você usar moedas, apenas as segure com seu cristal com a mão não dominante, aquela com a qual você não escreve. Coloque sua pedra de bolso e seu dinheiro sobre seu coração, e observe o grande número 222 escrito em rosa. Acalme-se e aprofunde sua respiração, então repita esta curta oração:

Cara Jofiel,
Venha até mim. Abençoe-me com sua energia e mostre-me como abrir meu coração às minhas chamas gêmeas. Impregne este cristal com o poder do 222, para que eu possa manter essa vibração abençoada perto de mim o tempo todo. Conecte meu dinheiro com o das minhas chamas gêmeas, a fim de que eu saiba que duplico minhas bênçãos quando carrego essas notas ou moedas comigo. Abra meus olhos à beleza na minha vida e me guie para minha próxima conexão com a chama gêmea. Anjo divino, eu o glorifico, e sou seu servo. Obrigado por estar aqui comigo agora. Assim na Terra como no céu.

Descarte seu papel e carregue seu cristal consigo quando precisar sentir a conexão com o poder do 222 ou quiser invocar o poder da chama gêmea de Jofiel. Coloque as notas ou as moedas na carteira, bolsa ou maleta, e carregue-as consigo por aproximadamente sete dias. Então gaste-as, liberando a energia das bênçãos da chama gêmea para o mundo. Você pode repetir este exercício sempre que quiser ser lembrado de como é abençoado ou quando quiser acrescentar mais bênçãos da chama gêmea no mundo do comércio.

Quer energizar seu cristal da chama gêmea? Claro que sim! Para fazer isso, coloque seu ametrino no parapeito da janela quando você for para a cama e deixe-o lá até o horário do almoço no dia seguinte. Com este passo simples, seu cristal ficará energizado com as energias lunar e solar.

Outros Números para Trabalhar com a Energia de Jofiel

- 220 – Uma das suas chamas gêmeas se alinha com você com uma nova oportunidade centrada no coração.
- 221 – Uma das suas chamas gêmeas solicita que você assuma um papel de mentoria com alguém na sua comunidade ou local de trabalho. Apenas permaneça aberto.
- 223 – É a hora de manifestação da chama gêmea. Sua energia de manifestação tem o dobro do poder, então fique atento aos seus pensamentos, visto que o que sua mente repete criará duas vezes mais.
- 224 – Uma das suas chamas gêmeas quer que você pare o que está fazendo e conte quatro bênçãos agora. Diga-as em voz alta para que você possa captar a energia do momento.
- 225 – Uma das chamas gêmeas cria uma mudança positiva na sua vida, então procure por coisas que dão certo hoje, pois elas são sinais de que um fluxo ainda mais positivo está no seu caminho.
- 226 – Pare o que estiver fazendo, coloque sua mão no coração e apenas diga: "Eu te amo".
- 227 – Uma das suas chamas gêmeas está arranjando uma oportunidade para aprender algo. Este novo caminho de sabedoria poderia vir de qualquer lugar, então fique atento.
- 228 – Diga para seu corpo que o ama e você ama sua habilidade de se conectar com suas chamas gêmeas. Tome fôlego e realmente as sinta entrar no seu corpo e sair dele.
- 229 – Um ciclo cármico com uma das suas chamas gêmeas está chegando ao fim. Fique atento aos términos e não tente impedir o encerramento dessa energia.

333 ~ Arcanjo Haniel

Deixe Seu Coração Ser a Música para Seus Ouvidos

"A linguagem do coração é muito mais divertida do que muitas das palavras que você escuta com seus ouvidos. Ouça as batidas, curta o ritmo e dance no caminho para vibrações mais positivas."

Significado Mais Profundo do 333

O número angélico 333 é um lembrete de que seus ouvidos, o que você ouve e os sons ao seu redor precisam estar alinhados com a linguagem do seu coração. O coração tem um tom divertido e alegre, que flui em um ritmo calmo e natural. Ele se alimenta de uma linguagem positiva, otimista, como quem diz: "você consegue". O coração não conhece limites, nem entende a linguagem da carência, do medo, da dúvida, da culpa ou da vergonha, tanto que ele se contrai automaticamente quando a vibração da sua voz dá vida a essas palavras. O número angélico 333 é o impulso de que você precisa para voltar a ter um diálogo mais carinhoso e solidário consigo mesmo e com aqueles ao seu redor.

O Arcanjo Haniel quer reconectá-lo com sua alegria, seu bem-estar e, acima de tudo, com seu amor profundo, verdadeiro e incondicional pela vida. Muitos de nós amamos nossas vidas em alguns momentos. Há certos instantes que queremos que durem para sempre, e outros que consideramos bons demais para serem verdade. O Arcanjo Haniel quer que você saiba que não existe isso de "bom demais para ser verdade" e que, se estiver vendo sempre o número 333, ela quer que você busque esses momentos, aqueles que achava merecer apenas de vez em quando. Ela quer que você os guarde perto do seu coração, os tenha polarizados na sua mente e os use para se tornarem a linguagem que seu coração deseja buscar. Ela quer que você entenda que esses instantes "bons demais para serem verdade" são os momentos verdadeiros do seu eu divino. Não há limite para eles, pois o limite é uma crença e uma imagem da mente. O coração, no entanto, não conhece limites. O número angélico 333 é o lembrete de que a alegria não é algo concedido apenas àqueles que a merecem ou àqueles que sentem ser sua vez. É um estado ilimitado que você pode acessar sempre e onde quiser. É seu, pegue-o.

O Arcanjo Haniel diz que tudo começa com o que você escuta. O que está em seus ouvidos? Quais são as palavras que você escuta e as coisas que diz? O vórtice vibracional da linguagem ao seu redor dá o tom de todas as suas experiências. Haniel e o 333 dizem: "Ouça, ouça bem, e preste atenção. Que tom sua vida tem? Que música você ouve repetidas vezes, e você está realmente prestando atenção em como ela cria o mundo com o qual você se compromete?" É engraçado, de um jeito irônico, como nós, seres humanos, precisamos que esses tipos de coisas nos sejam apontados. Às vezes, elas precisam ser apontadas continuamente porque, assim como os números repetidos, necessitamos ver as coisas várias vezes antes de realmente as notarmos. Quando o 333 aparece na sua vida, saiba apenas que é hora de encontrar coisas que põem um sorriso no seu rosto e um rebolado nos seus quadris. Aproveite toda oportunidade de alegria que cruze seu caminho. Sintonize o rádio do seu coração e o deixe ser seu guia. Encontre o canal que o anime, eleve sua alma e a conduza ao fluxo de felicidade divina ilimitada que é sua.

O Anjo Haniel

O Arcanjo Haniel está ligado ao planeta Vênus, a grande deusa do amor, da beleza, do prazer e, claro, da alegria. Em muitos aspectos,

Haniel é o arcanjo que nos ajuda a nos conectar com o que significa incorporar amor divino e alegria divina. Isso significa ser capaz de conectar esses conceitos intangíveis a algo tangível, como seu corpo físico e, por isso, ela gosta de ser associada à música. Nada mais o deixa conectado com seu corpo como a música faz. Ela o move. Ela tem a habilidade de preenchê-lo, transformar seu humor, aumentar seu brilho e alterar seu estado emocional. Quando pensamos na conexão de Haniel com a deusa do amor, faz sentido que ela quisesse que tomássemos tanto cuidado com o modo como nos nutrimos. Assim como as boas mães, ela só quer nosso bem, por isso gosta de enviar para você esses lembretes com o número 333. Eles basicamente são grandes gritos que dizem: "Como você está nutrindo sua mente, seu coração e sua alma hoje, meu caro?"

Palavras têm poder, e ninguém sabe disso mais do que Haniel. Ela também sabe que sua mente aceitará tudo o que você disser a ela, então, diga coisas boas. Fale coisas bonitas. Diga coisas que você diria a alguém que ama verdadeira e profundamente. Esse é um modo fantástico de pensar, e que devemos nos permitir ouvir. Por exemplo, você ia querer que alguém que ama ouvisse apenas linguagem que o deixasse sempre para baixo e o diminuísse? Claro que não. Se você vir alguém que ama fazer várias autocríticas, faria tudo em seu poder para fazê-lo parar. Bem, pense em Haniel e o 333 como seu lembrete para parar de se criticar. Ela quer que, em vez disso, você encontre algo bom para plugar em seus ouvidos, algo que o faça sentir-se vivo, que lhe traga paz, que lhe permita fluir com a batida divina no tambor do amor do Universo. Haniel quer saber o que tem no seu coração. Ela está muito interessada no que ele tem a dizer. Quer aprender como ele bate e que tipo de coisas o faz sentir-se vivo.

O Arcanjo Haniel sabe o quanto evitamos falar de lindas experiências amorosas. Questionamos a nós mesmos e a qualquer outro envolvido, e começamos a duvidar da nossa necessidade de coisas que ainda não aprendemos ser frívolas ou desnecessárias, embora o coração as deseje e se alinhe com a linguagem delas. As lições de Haniel podem ser complicadas, e sei que elas foram assim para mim. No meu caso, fui muito programada a olhar só para as coisas essenciais da vida socialmente aceitas. Aprendi com ela que aquilo que o coração considera essencial não será o que o coração do outro considera. Em outras palavras, o que faz seu coração cantar não será o mesmo que fará o coração do outro cantar, porque todos desejamos coisas diferentes. A verdadeira lição do 333 é que ter o que você quer, ouvindo seu coração, apenas abre a porta para os outros também ouvirem seus corações e conseguirem o que desejam. Não conseguir o que se quer nem ouvir nosso coração significa ensinar aos outros que eles, também, deveriam ignorar a música nos seus corações. Essa é somente outra lição angélica em expansão e retração. Estamos cocriando em expansão ou cocriando em retração. Não seria incrível se todos pudéssemos cocriar em expansão? Podemos praticar agora. Apenas ouça seu coração, encontre sua música e dance do seu jeito para uma vida cheia de beleza, que seja perfeita e certa para você.

Visualização/Meditação de Haniel: Sintonia com a Positividade

Nesta meditação guiada, você conseguirá se conectar com o Arcanjo Haniel e a energia vibracional do 333. Não existe um jeito certo ou errado de sentir essa energia. Ela aparecerá de formas diferentes para cada um de vocês. Alguns podem ter sensações no corpo, como calor, frio ou até sentir como se algo ou alguém tocasse seu rosto. Você pode sentir até um formigamento na sua cabeça enquanto segue o roteiro da meditação. Outros podem ver cores ou seus sentidos podem ficar mais aguçados. Alguns podem não sentir nada na primeira vez que fizer isso ou, talvez, até na segunda ou terceira vezes. Saiba apenas que, independentemente do que aconteça ou não com você, Haniel estará lá ao seu lado e guardará um espaço sagrado para você explorar tudo o que aparecer durante seu tempo focado e intencional juntos. Faça essa meditação em algum lugar silencioso, onde não seja incomodado. Você precisará de uma vela rosa, pois ela corresponde ao coração, e deixe-a acesa durante a meditação. Essa vela o ajudará a focar e acalmar a mente no início e no fim da meditação. Lembre-se só de apagá-la quando terminar. Você pode gravar este roteiro e ouvi-lo para que possa fechar seus olhos, ou pode simplesmente deixar seus olhos abertos e ler as palavras. De qualquer forma, você se conectará com a energia e ela o beneficiará.

Para esta meditação, você precisará selecionar uma música que ache motivacional e animada. Selecione essa canção pelas palavras. Elas precisam ser positivas, afirmarem a vida e empoderarem. Se tiver dificuldades em encontrar uma música que não tenha letras tristes, com raiva ou medo, escolha um mantra. Há vários para escolher no Spotify ou no YouTube. Eu recomendo "Guru Ram Das", do White Sun. Depois de selecionar sua canção ou mantra, coloque para tocar várias vezes, enquanto você acende sua vela rosa e se arruma para meditar. Concentre-se na chama e apenas ouça as palavras da música enquanto respira fundo, bem devagar e de forma prolongada, algumas vezes. Enquanto respira, solte os ombros, e sinta a tensão desaparecer de seu pescoço e das suas costas. Observe a chama da vela enquanto respira e permita-se relaxar o máximo possível, deixando a música e as palavras da sua canção ou mantra tocarem ao fundo, alterando sua energia. Quando se sentir bem e focado, relaxado e confortável no momento, deixe sua mente mudar o foco para a música. Preste bastante atenção às palavras. Sinta o ritmo. Deixe-as se mover por seu corpo, e talvez até balançar um pouco. Não deixe sua mente se afastar da música e, se isso o ajudar a manter o foco, cante junto. Faça isso por algumas recitações, ou seja, ouça essa música duas ou três vezes e, em seguida, apenas leve sua mente e seu foco de volta à chama. Respire fundo, devagar e de modo prolongado, enquanto retorna ao momento e à sala. Sinta o peso do seu corpo enquanto ele permanece na almofada de meditação ou na cadeira em que estiver sentado. Quando se sentir pronto para levantar e continuar seu dia, apague sua vela e desligue a música.

Esta meditação simples, que nada mais é do que prestar atenção à música com intenção, o conecta à energia do 333 e do Arcanjo Haniel. Ela o levará a um estado de alegria e dará à sua aura um reforço de brilho.

Montagem de um Altar para 333 e para o Arcanjo Haniel

Este altar é para você focar sua energia quando souber que for a hora de se abrir à alegria, ao amor e à diversão. Você pode querer até reiniciar suas vibrações trabalhando intencionalmente com o 333. Trazer a energia do 333 e do Arcanjo Haniel ajudará a separar um espaço para mais brincadeira na sua vida. Quando encontrar uma imagem de Haniel para colocar no seu altar, escreva 333 e uma oração pessoal a ela em um pedaço de papel. Você pode fazer isso à mão, usar uma caligrafia caprichada ou até imprimir. Você decide. Isso é um espaço pessoal. Deve decorá-lo da forma que achar melhor. Você também pode colocar no seu altar flores, cristais, sal, água, terra e, é claro, precisará de uma vela, de preferência rosa, mas sempre pode usar a branca, se não conseguir achar velas cor-de-rosa. Monte seu altar em um lugar onde não mexam nele enquanto você o estiver usando. Você decide por quanto tempo quer usar seu altar. Pode sentir que precisa fazer sua oração apenas uma vez, ou pode sentir vontade de fazê-la por dez dias. Você é quem sabe.

Após montar seu altar, recomendo borrifá-lo com um *spray* purificador de ambiente, ou fazer uma defumação com a fumaça de um ramalhete de ervas. Você pode usar alecrim, lavanda e rosa, pois elas se alinham bastante ao chacra cardíaco. Esse ato físico ajuda a purificar o espaço mental e energeticamente, o prepara para sua oração/feitiço.

Depois de arrumar seu altar e quando estiver pronto para começar, respire lenta e profundamente algumas vezes, acenda sua vela e declare sua intenção em voz alta, começando com as palavras: "Invoco o Arcanjo Haniel e o poder do 333 para ouvir minha intenção e auxiliar-me a realizá-la da forma mais harmoniosa. Que essa intenção seja para o meu bem maior e para o bem de todos aqueles que possam estar envolvidos na criação dessa intenção". Então leia sua intenção/oração: "Minha intenção/oração é...".

Para encerrar o ritual, você pode apagar a vela ou deixá-la acesa, se for seguro. Se resolver apagar a vela, repita primeiro estas palavras: "Enquanto apago esta vela, acredito que esta fumaça carregará minha intenção ao céu para ser manifestada pelo Universo. Estou pronto para receber meu pedido, que assim seja". Em seguida, apague sua vela rosa e pegue seu diário para iniciar os tópicos para escrita automática a seguir.

Tópicos para Escrita Automática

Após fazer sua oração, ou até depois de ter feito a visualização, você notará que sua conexão com Haniel ficará mais aberta, e mensagens e informações sobre você se manifestarão aos poucos. Elas podem vir na forma de palavras isoladas, frases ou até apenas um conhecimento interno ou, como você está trabalhando com Haniel e música, essas mensagens podem vir até na forma de uma canção – uma que tocará na sua cabeça e ficará se repetindo. Caso sinta vontade, pegue seu diário e aproveite essa conexão. Intitule sua página como: "Conversas com Haniel e a Energia Vibracional Conhecida como 333". Se estiver familiarizado com a escrita de um diário, comece a escrever, pois você saberá como sentir os toques de informação vindos do número 333 e do Arcanjo Haniel. Se fazer um diário for novidade para você, considere usar os tópicos a seguir para começar com o processo.

- Haniel, como saberei quando você estiver por perto?
- Como acesso minha alegria hoje?
- Por que tive dificuldade no passado para trazer a energia da alegria, da diversão e da brincadeira para minha vida?
- Como posso abandonar minha resistência em brincar e me permitir entrar na onda da abundância, da alegria e do amor?
- Como assimilarei a energia do 333 para me auxiliar hoje?

Você pode achar que esses tópicos já o colocam em um bom fluxo de escrita e, antes de perceber, você foi além deles. Apenas se dedique ao processo, acredite que Haniel conduz sua mão e não tente usar a lógica para entender o que aparece inicialmente.

Cristal Angélico: Rubi

Rubis são historicamente conectados com a riqueza, a beleza e a realeza. Sua cor vermelha os conecta com o chacra raiz, mas eles também estão conectados com o chacra cardíaco, fazendo do rubi uma pedra fantástica para se trabalhar quando se trata de personificar a energia cardíaca, que se alinha com a abundância. Os rubis podem ajudá-lo a baixar sua resistência em receber e permitem que você se abra mais a uma experiência baseada no coração. Para este exercício, vamos colocar esta energia de personificação no seu rubi – seja ele bruto ou lapidado. Para fazer isso, você precisará de um rubi, um pedaço de papel, uma caneta, uma vela vermelha, para a paixão e o desejo, e um calendário lunar. Você precisará de um calendário lunar, porque fará este exercício sob a energia da lua nova ou, pelo menos, nos dois primeiros dias e meio da fase da lua nova.

Você vai escrever o número 333 no topo do seu papel e fazer uma lista com alguns dos desejos do seu coração. Você não precisa escrever todos os seus desejos, porque, se quiser, pode fazer este exercício uma vez por mês. Por ora, veja se consegue fazer uma lista de cinco a dez desejos. Eles devem ser desejos verdadeiros e reais que você tem – desejos que queimam com o calor, a paixão e a intensidade da sua vela vermelha. Não há espaço para realismo ou limitação aqui. Seu rubi, o 333 e Haniel sabem que limite ou dúvida não existem. Então vá atrás. Pode ajudar colocar o rubi na sua mão e posicioná-lo na altura do seu coração, enquanto respira algumas vezes para se abrir para ouvir o que seu coração está dizendo, e não sua cabeça. Não se apresse, vá no seu tempo, e apenas fique sentado pelo tempo que precisar. Depois de fazer sua lista, embrulhe seu rubi no papel e coloque-o no altar para Haniel e o 333. Acenda sua vela vermelha e invoque o Arcanjo Haniel. Peça para ela impregnar seu cristal com seus desejos do coração, e abrir seus ouvidos aos passos que você precisará dar e às portas que agora se abrirão para você realizar esses desejos. Peça para o poder do 333 aparecer como um lembrete para você se alinhar com a frequência desses desejos do coração.

Depois de fazer seu ritual, você pode deixar sua vela acesa, se for seguro. Se não for, é só apagá-la. Deixe seu cristal no seu altar até a fase da lua nova estar completa, então o desembrulhe e o carregue no seu bolso, no sutiã ou na bolsa. Esse rubi agora se tornará sua pedra de toque para o poder vibracional do 333 e seu lembrete do anjo Haniel, que caminha com a batida do seu coração. Quando os desejos do seu coração passarem, você pode reiniciar sua pedra. Apenas a purifique primeiro, deixando-a sobre um bloco de sal, defumando-a com sálvia ou palo santo ou até deixando-a sob a lua cheia. Depois disso, ela estará pronta para ser preenchida de novo com seu próximo lote de músicas do coração.

Outros Significados dos Números para Trabalhar a Energia de Haniel

- 330 – Você consegue encontrar alegria nas coisas que ainda se manifestarão? Este número pede para você fazer exatamente isso. Imagine tudo o que vem no seu caminho e encontre alegria no conhecimento que seus anjos colocam na sua trajetória em algum ponto no futuro.
- 331 – Encontrar alegria nas coisas que você faz bem intensifica seu vórtice de manifestação. Quanto mais você combinar alegria e sucesso, mais disso você terá.
- 332 – Diga à(ao) sua(seu) esposa(o), parceira(o) ou melhor amigo quanta alegria eles trouxeram para sua vida. Dê o presente da alegria por meio do ato do amor e espalhe as boas vibrações ao seu redor.
- 334 – Separe um momento para encontrar alegria nos pequenos e, muitas vezes, esquecidos aspectos mundanos da sua vida cotidiana. Pode ser fácil não dar o devido valor às coisas e esquecer que elas desempenham um papel no quebra-cabeça muito maior o qual chamamos de vida. Reconheça hoje as peças que formam seu dia e alegre-se por elas estarem lá.
- 335 – É hora de ouvir o ritmo alegre da mudança quando ele soprar suavemente durante seu dia. Essa mudança não será

grande, pode até ser algo que você normalmente não notaria, mas ela está lá mesmo assim. Pode ser apenas pegar uma nova rota para o trabalho ou um novo penteado. Busque alegria nas pequenas mudanças e as veja dar o tom para as mudanças mais alegres que entrarem na sua vida.

- 336 – Hoje você está sendo solicitado a encontrar os prazeres simples na sua comunidade local. Talvez exista um jardim local para visitar, uma biblioteca que esteja cheia de livros para ler ou um centro comunitário local que ofereça um lugar para socializar e encontrar outras pessoas com a mesma opinião. Seja o que for, regozije-se com toda a alegria que sua comunidade tem a oferecer.
- 337 – Aprender algo novo pode ser uma experiência divertida, especialmente se for ensinada da maneira certa. Encontre hoje formas divertidas de aprender algo novo e veja como isso envia um efeito cascata para outras áreas da sua vida.
- 338 – Às vezes as coisas que nos dão mais alegria são pequenas e simples, como uma única flor silvestre, um cartão-postal de um amigo, um *e-mail* de agradecimento de um cliente, ou uma foto com você e seu amor. Quando você vir este número, estará sendo lembrado que nem tudo na sua vida precisa ser um grande evento. Em vez disso, mantenha a simplicidade e a diversão.
- 339 – Qual é sua memória preferida? Leve-a à sua mente e deixe-a preenchê-la, leve um sorriso ao seu rosto e um rebolado para seu quadril. Segure pelo tempo que conseguir e, então, siga com o restante do seu dia.

444 ~ Arcanjo Samael

Desprenda-se das Lentes das Limitações do Ego

"O ego está sempre focado no que não tem ou no que lhe foi tirado, e isso limita sua visão, cegando-o às bênçãos do Divino ao seu redor."

Significado mais Profundo do 444

O número angélico 444 nos lembra de que temos mais de um modo de olhar o mundo ao nosso redor: podemos vê-lo como algo em que sempre falta alguma coisa, ou podemos enxergá-lo cheio de bênçãos. Quando o 444 aparece, ele pede para você parar e questionar como você vê seu mundo, sua vida e sua experiência atual. O número angélico 444 nos incentiva gentilmente a nos desprendermos das lentes do ego, para que possamos ver as bênçãos que o Divino nos concede em todos os momentos. Quando buscamos bênçãos, continuaremos a encontrá-las, e isso nos mantém em um vórtice de energia abençoada. No entanto, quando vemos o mundo e nossas vidas por meio das lentes da carência, continuaremos a achar a falta das coisas. Isso leva a uma sensação de ser deixado de fora, desconectado, negligenciado e abandonado. O Arcanjo Samael quer tirar as lentes do ego dos seus olhos e deixar a glória do Divino entrar no seu campo de visão.

Não importa quem somos ou onde estejamos, há sempre uma bênção a ser encontrada. Ela pode ser tão simples quanto estar vivo e que, apesar de tudo o que lhe aconteceu, você ainda escolhe seguir em frente. Talvez esteja cercado pelas bênçãos, mas você começou a não lhes dar mais valor. Isso acontece com frequência nas experiências do Primeiro Mundo. É fácil para aqueles que são abençoados com escolha, opções e conveniência começar a não dar valor a essas coisas e parar de vê-las como as bênçãos que são. O número angélico 444 nos traz de volta ao mundano, ao cotidiano, às lentas e silenciosas bênçãos que nos cercam: do vento fazendo farfalharem as folhas nas árvores próximas, do sol batendo no seu rosto ou até da água limpa que corre quando você abre a torneira. O encanamento interno é uma bênção divina, é algo que muitos no mundo não têm.

Na próxima vez em que o 444 brilhar diante de seus olhos, comece logo a elencar suas bênçãos. Não se preocupe com o tamanho delas, ou se você as acha especiais, apenas as cite. Comece com coisas simples e concentre-se no que o cerca. Manter a simplicidade é a chave para realmente aproveitar o poder do 444. O Arcanjo Samael quer que você volte ao básico, e pare de olhar ao redor para a última e maior distração cintilante. Em vez disso, volte à magia do comum, a magia ignorada e perdida que acontece nos intervalos das distrações.

Agora, neste momento, você pode olhar ao redor e encontrar dez bênçãos?

Enquanto escrevo este capítulo, sei que sou abençoada por ter um *notebook* que funciona, tempo para escrever, uma casa silenciosa, internet, uma escrivaninha onde escrever, lindas árvores na frente da minha janela, um copo de água pura e fria para me manter hidratada, mãos e dedos funcionando, uma mente que consegue manter essas ideias fluindo e, é claro, o assento em que estou sentada enquanto trabalho. Tudo isso é uma bênção. São itens que o Divino me forneceu para que eu possa me mostrar, ser útil e fazer meu trabalho até completar minha missão. Tudo isso pode não parecer muito, mas, sem essas coisas, você não leria este livro. O número angélico 444 é a soma de coisas pequenas – o modo como as bênçãos se acumulam, como uma bola de neve. Quanto mais você começar a notá-las, mais parecerá tê-las. A melhor parte é, quanto mais você aproveita essa energia 444, mais bênçãos criará, receberá e com elas será abençoado.

O Anjo Samael

Samael não é um dos anjos mais comuns; bem, não em suas formas angelicais verdadeiras, de qualquer maneira. Suas muitas encarnações o ligaram aos anjos caídos. Mas, de acordo com o próprio Samael, este é um caso de identidade equivocada. Assim como muitas informações de textos antigos, as coisas ficaram perdidas na tradução, levando-nos a informações que podem não ser precisas. Em meu próprio trabalho com esse arcanjo, aprendi que é o trabalho dele oferecer-lhe uma visão verdadeira, uma cirurgia corretiva, por assim dizer, para curá-lo da sua cegueira a todas as suas bênçãos divinas. Por isso, para este livro, ele é o regente do 444. Na prática não religiosa, Samael é um arcanjo fantástico para trabalhar quando você perdeu seu caminho no mundo das coisas físicas, afoga-se em bens materiais ou está imerso em uma falta de energia. Ele é aquele que jogará para você uma boia, oferecerá uma mão e o levará à praia do Divino. No entanto, não ache que ele lhe oferecerá ajuda se você não pedir. Ele apenas ficará sentado e verá você sofrer. É engraçado como Samael fica com má reputação por isso quando, na realidade, é assim que todos os guias trabalham. Nenhum deles interfere sem permissão, mas Samael parece sempre ser o rei de ficar do lado de fora do sofrimento e só observá-lo acontecer.

A verdade é que todos os anjos fazem isso, sem exceção, e você sabe por quê? Porque temos livre-arbítrio. Temos livre-arbítrio para o sofrimento. É nossa escolha, assim como escolhemos ver nossas bênçãos, nos ver como uma bênção, confiar em Samael e permitir que ele nos tire do ciclo cármico de sofrimento, carência e separação. Ao deixá-lo trabalhar com você por meio do número 444, você pode trazer uma mudança radical para sua vida mesmo se, a princípio, essa mudança parecer pequena e quase indetectável. Confie no 444 para aumentar seu campo de visão, mudar lentamente seu ponto de foco, e guiar sua mente para perceber o mundo e seu lugar nele de uma forma diferente. Então, na próxima vez em que você vir o 444, receba o Arcanjo Samael na sua energia e deixe-o mostrar as bênçãos que você ignorou. Deixe-o levar você para longe da opressão e do pânico, e para o fluxo de se sentir conectado, merecedor e significativo.

Visualização/Meditação de Samael: Purificação da Sua Visão para Ver Suas Bênçãos

Nesta meditação guiada, você conseguirá se conectar com o Arcanjo Samael e a energia vibracional do 444. Não existe jeito certo ou errado de sentir essa energia. Ela aparecerá de uma forma diferente para cada um. Alguns podem ter sensações no corpo, como calor, frio ou até como se algo ou alguém tocasse seu rosto e sua cabeça enquanto você segue o roteiro da meditação. Outros podem ver cores ou seus sentidos podem ficar mais aguçados. Alguns podem não sentir nada da primeira vez que fizer isso ou, talvez, até da segunda ou terceira vezes. Apenas saiba que, independentemente do que aconteça ou não com você, Samael estará lá ao seu lado e guardará um espaço sagrado para que possa explorar tudo o que se tornará visível para você. Faça esta meditação em algum lugar silencioso, onde não seja incomodado. Se sentir vontade, deixe uma vela branca acesa durante toda a meditação. Apenas se lembre de apagá-la depois que terminar. Você pode gravar este roteiro e ouvi-lo para poder fechar seus olhos, ou pode simplesmente deixar os olhos abertos e ler as palavras. De qualquer forma, você se conectará com a energia e ela o beneficiará.

Faça o que for mais confortável para você.

Vamos começar

Você pode ficar sentado ou deitado, só evite pegar no sono. Também pode acender um incenso, se sentir vontade. Fique confortável e deixe sua cabeça inclinada para cima. Mesmo se estiver deitado no chão ou na cama, levante o queixo. Apenas se concentre na sua respiração, inspirando pelo nariz e expirando pela boca. Mantenha a respiração longa e lenta, enquanto se permite relaxar, soltando seus ombros e sentindo a tensão sair de seu corpo a cada expiração. Concentrando-se na respiração, sinta-se cair cada vez mais em um estado relaxado, enquanto você inspira a energia da paz e da calma, e expira estresse, ansiedade e tensão. No momento em que continua a relaxar, você pode fechar seus olhos, lembrando que este é um estado relaxado, mas não para dormir.

Embora seu corpo esteja relaxado, sua mente ficará ativa e engajada durante todo esse processo. Ao respirar devagar e profundamente, inspire paz e expire qualquer resistência. Imagine uma linda luz dourada saindo do topo da sua cabeça, com uma sensação de calor, como se você estivesse debaixo de um chuveiro.

Imagine essa luz dourada saindo da sua cabeça, descendo pelo seu rosto, por seu pescoço e ombros, passando pelos braços, pelo peito, pelo estômago e entrando na pelve. Então, sinta-a passar pelos quadris, descer pelas pernas, sobre os joelhos, descendo ainda mais por seu corpo, sobre suas canelas e panturrilhas, espalhando-se por seus tornozelos, relaxando os arcos dos pés e saindo pelas pontas dos dedos. Sinta essa luz dourada inundar seu corpo como uma onda de energia, preenchendo e acendendo-o, e o conectando à energia do Arcanjo Samael e ao poder do 444. Enquanto respira, deixe essa luz banhá-lo e peça para o arcanjo livrá-lo de quaisquer ilusões de visão que você possa ter. Peça para ele retirar quaisquer lentes falsas que não estejam revelando suas verdadeiras bênçãos divinas. Peça para ele lhe dar uma visão real, sua visão divina natural, entendendo que, com essa nova visão solicitada, você só conseguirá ver as bênçãos ao seu redor, a abundância de oportunidade e o fluxo milagroso de possibilidade a partir deste momento.

Qualquer lugar para onde você olhar estará cheio da energia da abundância abençoada, da riqueza, da saúde, da felicidade, da alegria e do amor. Com essa nova visão, você compreenderá que ela sempre esteve aqui e que suas verdadeiras bênçãos divinas estavam o tempo todo escondidas em plena vista. Essa nova visão lhe mostrará que você não estava desconectado da sua abundância divina, mas que apenas a olhava com lentes escuras e distorcidas. Leve o tempo que precisar, concentre-se na sua respiração e deixe a luz dourada inundar seu corpo, enquanto o Arcanjo Samael altera sua visão, limpa e cura sua vista e muda seu senso de percepção. Respire e relaxe. Quando sentir que está completo, ou que a energia do Arcanjo Samael parou de percorrer seu corpo, volte o foco para a respiração, inspirando paz, calma e amor, e expirando qualquer resistência remanescente. Saiba que agora você está impregnado da energia dourada do Arcanjo Samael e do 444, sua visão neste instante está alinhada com a visão divina e, por onde quer que vá, você sempre será abençoado por um anjo. Leve seu foco de volta ao corpo enquanto se desconecta devagar do espaço meditativo. A cada inspiração, aterre-se mais em seu corpo. A cada expiração, desconecte-se devagar do estado meditativo. Continue a respiração até ficar totalmente atento e pronto para abrir seus olhos e continuar com o restante do seu dia.

Montagem de um Altar para 444 e para o Arcanjo Samael

Quando você montar esse altar, lembre-se de que ele será seu altar para bênçãos ou, o que é mais importante, algo para ajudá-lo a vê-las. Uma forma de fazer isso é criar alguns potes de bênçãos e colocá-los no seu altar. Um deles pode ser preenchido com moedas para lembrá-lo das bênçãos financeiras. Outro pode ser preenchido com fotos dos entes queridos, para recordá-lo das bênçãos do coração, e um outro pode ser cheio de bênçãos que você deseja manifestar, como um lembrete de todas aquelas que ainda virão no seu caminho. Entre as coisas que você precisará para suas bênçãos estão uma imagem de Samael ou uma carta de um oráculo, uma vela verde, o número 444 escrito em um pedaço de papel verde, um pouco de sal, um punhado de terra, algumas penas e qualquer coisa que você queira colocar no altar. Você também vai querer se sentar e compor uma oração ou intenção a Samael e o 444. Pode ser algo como: "Samael, estou pronto para ver minhas bênçãos, então abra meus olhos e me lembre constantemente de todas as formas nas quais fui, sou e serei abençoado. Eu o deixo abrir meu coração devagar e com carinho, e me inundar com tantas bênçãos quanto eu puder aguentar".

Depois de montar seu altar, recomendo purificá-lo com um *spray* ou a fumaça de algumas folhas secas de sálvia, apenas para limpar mentalmente o lugar e prepará-lo para sua oração. Então, respire fundo algumas vezes, acenda a vela e declare sua intenção em voz alta, começando com as palavras: "Invoco o Arcanjo Samael e o poder do 444 para ouvir minha intenção e auxiliar-me em sua realização da forma mais abençoada. Que minha intenção seja por meu bem maior e para o bem daqueles que possam estar envolvidos na realização dessa intenção". Em seguida, vá em frente e leia sua intenção/oração: "Minha intenção/oração é...".

Para encerrar o ritual, você pode apagar a vela ou deixá-la acesa, se for seguro. Se quiser apagá-la, repita primeiro estas palavras: "Enquanto apago esta vela, confio que sua fumaça carrega minha intenção ao céu para ser manifestada pelo Universo. Estou pronto para receber meu pedido, que assim seja". Agora, apague sua vela.

Deixe um diário à mão nos dias seguintes, para documentar todas as bênçãos que vierem no seu caminho. Sejam elas grandes ou pequenas, todas contam. Às vezes ignoramos uma delas porque esperamos que pareça ou traga uma sensação diferente de como ela aparece. Agora que fez sua oração e montou seu altar, você começará a reparar em coisas que não via antes. Registrá-las no seu diário é uma forma de refinar sua visão e manter-se no fluxo da visão divina.

Tópicos para Escrita Automática

Após fazer sua oração, ou até depois da visualização, você perceberá que sua conexão com Samael ficará mais aberta e as bênçãos começarão a se manifestar na sua vida, junto a mensagens ou incentivos de Samael e do 444. Eles podem vir na forma de palavras solitárias, frases ou até de um conhecimento interno. Se sentir vontade, pegue seu diário e aproveite essa conexão. Intitule sua página como: "Conversas com Samael e a Energia Vibracional Conhecida como 444". Se estiver familiarizado com a escrita de um diário, comece a escrever, pois você agora saberá como sentir as mensagens e toques que emanarem do número 444 e do Arcanjo Samael. Se fazer um diário for novidade para você, tente usar os tópicos a seguir para começar com o processo:

- Samael, como saberei quando você está por perto?
- Onde estou me permitindo ficar distraído pela carência na minha vida?
- Por que no passado tive dificuldade de me conectar com as bênçãos na minha vida cotidiana?

- Como fico mais consciente da forma com que o Divino abençoa minha vida?
- Como assimilar a energia do 444 me ajudará hoje?

Você pode achar que esses tópicos já o colocarão em um bom fluxo de escrita e, antes de perceber, você foi além deles. Apenas confie no processo, acredite que Samael guia sua mão e não tente usar a lógica para entender o que aparecer no princípio.

Cristal Angélico: Jade

Jade é considerado o cristal da boa sorte e da boa fortuna. Ajuda a abrir o coração e permite que ele as receba. Costuma ser usado para trazer dinheiro, abundância e autossuficiência na vida da pessoa. Ele poderia ser considerado o cristal das bênçãos. Sejamos francos, você precisa perguntar, ser ouvido e ser visto para receber, mas, ainda assim, muitas pessoas pedem e depois se escondem, fogem e se retraem. Elas se questionam por que nada aparece. A pedra de jade o ajuda a se abrir e se sentir protegido o suficiente para permanecer na luz do Divino por tempo o bastante, para que a boa fortuna venha no seu caminho. Isso faz dela a pedra perfeita para aterrar a energia do 444.

Para este exercício, você precisará de uma caneta, um pedaço de papel, um elástico, uma peça de jade (pode ser até uma joia que tenha jade) e um cronômetro. No pedaço de papel, escreva o número 444, de forma que ele preencha todo o espaço, e use-o para embrulhar seu cristal ou sua joia. Feche-o com o elástico. Coloque dois minutos em seu cronômetro e fique em uma posição confortável, de preferência sentado no chão. Se isso não for possível, veja apenas se suas costas estão retas e bem alongadas, com os ombros para trás. Coloque a jade na sua mão direita e então coloque a mão no seu coração. Deixe a mão esquerda sobre o joelho esquerdo, com a palma aberta e virada para cima. Depois de arrumar sua postura, acione o cronômetro e volte à pose.

Repita o seguinte mantra até o tempo acabar: "Sou abençoado, eu sou".

Se sentir vontade, pode repetir isso por 44 dias, mas apenas saiba que não é necessário. Quando sentir que sua pedra jade foi ativada e tem o poder completo do 444 nela, comece a carregar essa pedra de bolso ou a usar sua joia. Esse cristal agora é seu talismã 444. Ele o conectará na hora com a vibração do 444 e todas as bênçãos que Samael quer iluminar na sua vida.

Outros Números para Trabalhar com a Energia de Samael

- 440 – Existem oportunidades ilimitadas para criar mais bênçãos ao seu redor. Agora, conte as bênçãos que ainda verá, aquelas que você sabe em seu coração que estão no seu caminho. Seja grato agora para o que ainda virá.
- 441 – Algo novo está prestes a chegar na sua vida. Veja isso como uma bênção e não questione. Apenas receba com o coração aberto.
- 442 – Você é abençoado por ter relacionamentos na sua vida nos quais pode ser você mesmo. Existem pessoas que o amam de verdade por ser você. Reconheça a importância delas na sua existência e envie uma bênção para elas agora.
- 443 – Ser livre para ir aonde e quando quiser é uma bênção. Reconheça suas liberdades hoje e as abençoe.
- 445 – A mudança é uma bênção, desde que não seja vista com crítica. Uma mudança está chegando à sua vida e traz consigo uma bênção. Tudo o que pede é que você não tente descobrir se a mudança em si vai ser "boa" ou "má". Apenas a deixe ser e observe seu desenrolar.
- 446 – Você é uma bênção. Como está agora neste momento em que vê este número é uma bênção. Sua existência já é uma bênção. Você não precisa fazer nada para ser uma bênção.
- 447 – Algumas bênçãos trazem lições consigo. Na verdade, algumas estão envoltas em um véu de sabedoria. Agora é uma dessas ocasiões. Então, conte suas bênçãos, aguarde e veja que pedaços de aconselhamento sábio elas oferecem.
- 448 – Itens materiais são bênçãos. Não são as únicas bênçãos, mas são. Muitas vezes esquecemos como somos abençoados,

mas quando você vir este número, faça uma lista contando suas bênçãos materiais.
- 449 – Ser capaz de desapegar das coisas é uma bênção. Dizer adeus e deixar as coisas chegarem ao seu fim natural é uma parte do ciclo de bênçãos. Alegre-se hoje com os términos ao seu redor e abençoe-os pelo que são: portais para algo novo.

555 ~ Arcanjo Uriel

Desapegue e Confie na Mudança

"A mudança é a única constante que você terá
na sua experiência física, então faça
amizade com ela e a convide para entrar."

Significado mais Profundo do 555

Mudança: ame-a ou a odeie. O problema é que você não a pode impedir. O número angélico 555 marca um momento de mudança. Ela pode ser grande ou pequena, mas a mudança está acontecendo, quer você goste ou não. Nada no mundo físico ou vibracional permanece o mesmo. A mudança é constante. É uma lei universal. O número 555 é apenas um lembrete de que essa lei se desenvolverá na sua vida, independentemente de suas emoções, pensamentos ou crenças. Você não precisa estar pronto para ela ou até aceitá-la. Ela apenas existe. O Arcanjo Uriel quer você pense no 555 como uma visita de cortesia do Universo, uma nota de Deus, se preferir, dizendo que as coisas na sua vida não ficarão iguais, os ciclos giram, o tempo se move e o caminho mudou de direção.

Às vezes, quando esse número aparece, você não nota nada no seu mundo externo. Nada que você consiga perceber com seus cinco sentidos limitados parece estar diferente. No entanto, a mudança aconteceu e, em algum instante, seu mundo externo acompanhará. Em outros momentos, o 555 o perseguirá. Estará em todos os lugares aonde você for. Estará em tudo o que vê, ouve e nota. Esse tipo de repetição constante é como um alarme, um que nem nossos sentidos limitados podem ignorar. Esse é o sinal de mudanças maiores e planos mais grandiosos sendo ajustados. É onde seu mundo externo sentirá o tranco. Não importa onde essa mudança ocorre, se dentro ou fora de você, ela aconteceu. Você não pode desejar que ela vá embora. Não pode negá-la. Não pode minimizá-la. O número angélico 555 é seu sinal. É um bilhete dos reinos mais elevados e ele diz com clareza: "A mudança está acontecendo". É importante notar que essa mudança não será adiada. Não será algo que acontecerá ou poderia acontecer em um futuro distante. Ela acontece agora enquanto você vê os números, e o Arcanjo Uriel está bem no meio dela.

Assim como o tempo cíclico deve continuar a mudar as estações, você também deve experimentar a mudança, uma diferença, uma chacoalhada. Caso contrário, cairá na estagnação, o que leva à doença. A falta de movimento nos desacelera, nos deixa presos, e, se prolongada, pode dificultar o movimento. Se você nunca rega suas plantas, se nunca ajusta a quantidade de sol que elas recebem ou não, elas morrerão. Você é exatamente assim. As condições na sua experiência física mudam sempre, e você precisa ajustar e mudar com elas. Você poderia dizer que 555 também é o número da adaptabilidade. Aqueles que se adaptam, prosperarão, e aqueles que resistirem à adaptação, sofrerão. Embora ver o 555 signifique que acontece uma mudança, ele também lhe dá uma chance de decidir como você quer lidar com ela, e como controlará sua mente, suas emoções e seus níveis de resistência. O número angélico 555 o alerta para seu livre-arbítrio, a parte que apenas você pode controlar.

Então, como você usará seu livre-arbítrio quando o 555 aparecer na sua vida?

É nesse momento que invocar o Arcanjo Uriel pode ajudar, bem como entregar-lhe sua preocupação, seu medo e sua luta. Você pode pedir que ele tire isso de você e o mantenha livre para ser flexível e se adaptar. Ninguém disse que você precisa fazer isso sozinho. Invoque Uriel quando vir o 555 e peça para ele estar ao seu lado, segurando-o, apoiando-o e deixando-o calmo, enquanto as leis do Universo se desenrolam na sua vida. Ele foi criado para esses tipos de tarefa. Ficar na beira do desconhecido, firmando suas pernas cambaleantes, e permanecer quando todos forem embora são os superpoderes do arcanjo. Ele ficará ao seu lado e oferecerá tanto amor incondicional quanto você puder receber. O número angélico 555 o avisa que a mudança é inevitável, mas o Arcanjo Uriel o lembra de que isso não significa que você tenha de sofrer.

O Anjo Uriel

Uriel é meu anjo pessoal. Ao contrário de todos os outros anjos neste livro, ele é o único que conheço intimamente, o que significa que, nesta seção, vou lhe apresentar o Uriel que conheço e aquele que tem sido uma parte enorme da minha vida, por mais de uma década. Eu peço desculpas de antemão se o que escrevo aqui não combine com algo que você tenha lido ou com sua experiência pessoal com Uriel. Em geral, ele é considerado um anjo da transformação, mencionado muitas vezes como o arcanjo que guia os recém-falecidos do plano terrestre e os entrega ao outro mundo. Creio que isso seja verdade em alguns aspectos. Ele se alegra em levar as pessoas que entraram na fase da morte das suas vidas e em ajudá-las a encontrar um novo caminho.

Entretanto, aqui no 555, raramente nos referimos à morte física, mas à morte de um ciclo ou de uma fase da vida. Passamos por muitas mortes enquanto vivemos. Morremos todas as noites e voltamos à vida todas as manhãs. A morte é a mudança derradeira, a mais poderosa de todas as transformações, e Uriel está na iminência dessas mudanças. Ele vê algo belo nos espaços onde outros veem apenas coisas quebradas e deterioradas. Ele alcançará e soprará vida nova em situações, lugares e pessoas. Ele e o número 555 poderiam ser facilmente chamados tanto de "o sopro da vida nova" quanto de "mudança". Não tem como negar que, onde quer que Uriel esteja, algo está chegando ao fim para que algo novo possa existir. Passar um tempo com Uriel por mais de uma década me ensinou como uma mudança é legal e pode ser divertida. Como é milagroso convidá-la a entrar na sua vida, como uma boa amiga. Eu desapeguei da minha necessidade de sofrer com a mudança, e abandonei minha preocupação e meu medo do que me aguarda do outro lado da mudança. Em vez disso, Uriel me imbuiu de empolgação e expectativa. Ele me permitiu ver a pura necessidade dessa lei. Ele me deixou tão confortável com a energia da mudança e sua natureza cíclica que agora me preocupo quando não vejo o 555.

Nós esperamos que, quando terminar os exercícios deste capítulo, você também anseie por ver esses números. Na verdade, queremos que fique tão confortável com eles que os invoque de propósito. Uriel quer trazer uma mudança para sua vida. Ele quer apresentá-lo à magia e à majestade do seu poder. No entanto, para fazer isso, você deve abraçar os ciclos da sua vida, os fins e os inícios, e a lei da mudança. Quanto mais você trabalhar com Uriel e a energia do 555, mais flexível e adaptável será. Desapegará das coisas com mais facilidade. Você se livrará dos apegos a pessoas, lugares e coisas que não se alinhem com seu verdadeiro eu e deixará Uriel pôr seus pés no caminho da transformação, sem medo nem dúvida, porque você acreditará que tudo que o aguarda pelo caminho foi escolhido a dedo pelos anjos apenas para você vivenciar.

Visualização/Meditação: Ajudando Você a se Transformar na Mudança que Quer Ver na Sua Vida

Nesta meditação guiada, você conseguirá se conectar com a energia transformadora do Arcanjo Uriel. Saiba apenas que não há um jeito certo ou errado para sentir essa energia. Ela aparecerá de formas diferentes para cada um. Alguns podem ter sensações no corpo, como calor, frio e até sentir como se uma pena acariciasse suavemente seu rosto ou sua cabeça, enquanto seguem o roteiro da meditação. Outros podem ver cores ou seus sentidos podem ficar mais aguçados. Alguns podem não sentir nada da primeira vez que fazem isso, ou talvez até na segunda ou terceira vezes. Não se preocupe; isso é completamente normal. Saiba apenas que, independentemente do que aconteça ou não com você, Uriel está ao seu lado, protegendo-o e guardando um lugar para você explorar a mudança que quer criar na sua vida. Faça essa meditação em um lugar silencioso, onde não seja incomodado. Se sentir vontade, deixe uma vela dourada acesa durante a meditação. Lembre-se apenas de apagá-la depois que terminar. Você pode gravar este roteiro e ouvi-lo para poder fechar seus olhos, ou pode simplesmente deixar os olhos abertos e ler as palavras. De qualquer forma, você se conectará com a energia e ela o beneficiará.

Faça o que lhe for mais confortável.

Vamos começar

Comece ficando em uma posição confortável. Se for seguro, deite-se ou recoste-se na sua cadeira favorita. Se ajudá-lo a se concentrar, pegue sua almofada de meditação e fique em sua postura preferida. Inspire pelo nariz e expire pela boca profundamente por três vezes para aterrar-se. Enquanto inspira, pense na palavra "paz", e enquanto expira, pense na palavra "transformar". Mantenha essa respiração por alguns minutos, inspirando "paz" e expirando "transformar". A cada respiração, relaxe cada vez mais, e afunde-se mais neste momento e no ritmo da sua respiração. Continue a se concentrar no mantra "paz" e "transformar". Solte os ombros, arrume os quadris e se permita respirar mais fundo e mais devagar. Enquanto cai em um estado de calma e abertura, à medida que continua a se concentrar na respiração, invoque o Arcanjo Uriel e peça para ele se sentar ao seu lado.

Entregue-se ao seu abraço, sinta o calor que irradia do corpo dele para o seu, deixe-se afundar ainda mais na paz e na calma. Aqui, nos braços do Arcanjo Uriel, leve à mente uma área da sua vida que você sabe que necessita de mudança ou precisa ter a energia ao seu redor transformada. Apenas deixe a imagem dessa área da sua vida aparecer, fazendo seu melhor para não se apegar a nenhum dos sentimentos ou emoções que possam surgir, enquanto você transfere seu foco para essa área da sua experiência atual. Em vez disso, expire qualquer medo ou ansiedade e os entregue a Uriel, para que ele possa transformar tudo em amor, paz e alívio. Então, ele devolverá isso para você ao irradiar calor do corpo dele para o seu.

Continue com a respiração, expirando o medo e inspirando o amor, sabendo que você é apoiado e que Uriel o coloca em seus braços durante todo esse processo. Continue até ter uma sensação de alívio, que pode parecer uma soltura dos músculos no seu corpo ou a diminuição de uma sensação de ansiedade na sua mente. Pode significar também que o pensamento dessa área da sua vida não parece mais ter uma carga emocional. Apenas continue a respirar, entregando tudo a Uriel, até encontrar o alívio. Quando tiver terminado e sentir esse alívio, seja como ele tenha aparecido para você, leve à mente o número 555. Agora, peça para mudar, transmutar e transformar essa área da sua vida, neste instante, enquanto você sente esse alívio. Fique nesse estado por quanto tempo for necessário, permitindo que Uriel e o poder do 555 façam uma mudança mágica na sua vida. Continue a respirar e afunde-se ainda mais nos braços de Uriel.

Quando você tiver terminado, ou sentir plenitude, apenas volte a focar sua respiração, deixando a imagem do número 555 sumir devagar. Sinta como se você se afastasse de Uriel, enquanto agradece a ele por ser seu apoio, seu guia e seu agente de mudança hoje. Leve a respiração de volta ao mantra "paz" e "transformar", enquanto se aterra de volta ao seu corpo. Fique mais consciente do seu ambiente físico a cada inspiração, tornando-se mais alerta, focado, ciente, forte, calmo e confiante. Quando estiver pronto, abra seus olhos, se eles estavam fechados. Estique seus braços, solte os ombros, mexa os dedos das mãos e dos pés e, então, faça um momento de silêncio antes de sair e de continuar com o restante do seu dia.

Montagem de um Altar para 555 e para o Arcanjo Uriel

Se você sabe que está pronto a trazer mudança para sua vida, então montar um altar para aterrar a energia do 555 e o Arcanjo Uriel é a forma de fazer isso. Para montar esse altar, você precisará de uma vela amarela (a cor ligada ao centro de ação do seu corpo: o plexo solar), um cristal de pedra do sol, uma imagem de Uriel, o número 555 escrito ou impresso em um papel amarelo e uma intenção muito clara da mudança que você quer invocar. Essa intenção também deve explicar por que ela é importante para você e os passos que dará quando notar que a mudança está em andamento. Você também pode acrescentar outros elementos em seu altar, como penas, sal, terra, imagens ou o que mais quiser. Monte seu altar em algum lugar em que ninguém mexa nele enquanto você o estiver usando. Você decide por quanto tempo quer usar seu altar. Pode sentir que precisa apenas fazer sua oração uma vez, ou pode sentir vontade de fazê-la por 55 dias. Você decide.

Depois de montar seu altar, recomendo borrifá-lo com um *spray* de sálvia ou defumá-lo com fumaça de palo santo. Isso limpará o espaço mental e energeticamente, e o preparará para o trabalho de oração. Quando seu espaço estiver limpo e pronto, respire fundo algumas vezes, acenda sua vela e diga sua intenção em voz alta, começando com as palavras: "Eu invoco o Arcanjo Uriel e o poder do 555 para ouvir minha intenção e ajudar-me a realizá-la da forma mais surpreendente. Que minha intenção possa ser para o meu bem maior e para o bem de todos aqueles que possam estar envolvidos em realizar minha intenção". Então leia sua intenção/oração: "Minha intenção/oração é...".

Para encerrar o ritual, você pode apagar a vela ou deixá-la acesa, se for seguro. Se resolver apagá-la, repita primeiro estas palavras: "Enquanto apago esta vela, acredito que ela carrega minha intenção ao céu para ser manifestada pelo Universo. Estou pronto para receber meu pedido, que assim seja". Então, apague a vela.

Seu trabalho agora é permanecer aberto, observar e agir como se a mudança que você pediu está sendo gerada na sua vida.

Tópicos para Escrita Automática

Após fazer sua oração, ou até mesmo depois da visualização, você pode notar que sua conexão com Uriel começará a se abrir. Isso pode significar que mensagens e informações sobre você começarão a se manifestar aos poucos. Pense em pegar seu diário e tirar proveito dessa conexão. Intitule sua página como: "Conversas com Uriel e a Energia Vibracional Conhecida como 555". Você pode então começar a escrever, se estiver acostumado a fazer um diário. Se não for uma pessoa que goste de fazer diário ou se esse tipo de escrita for novidade para você, use os seguintes tópicos para começar e se familiarizar com o processo:

- Uriel, como saberei quando você está por perto?
- Que área da minha vida o 555 afeta agora e por quê?
- Por que fiquei com medo da mudança no passado, e como eu altero meus pensamentos e crenças em torno disso?
- Que passos dou hoje para conseguir desapegar do meu medo e baixar minha resistência em se tratando de mudança?
- Como assimilar a energia do 555 me auxiliará hoje?

Cristal Angélico: Pedra do Sol

Quando estamos no escuro, buscamos a luz. Quando afundamos até o joelho no desconhecido, buscamos esperança. Quando a mudança nos deixa de pernas bambas, rezamos por força. A pedra do sol traz a energia, a vitalidade e a luz do sol a todos os seus momentos de mudança e transformação. Ela elevará seu ânimo, o energizará e mostrará que nunca houve nenhum monstro escondido debaixo da cama. Isso faz da pedra do sol o cristal perfeito para aterrar a energia do 555 e do Arcanjo Uriel.

Para energizar seu cristal, você vai precisar de um pedaço de papel, uma caneta e um elástico ou um pedaço pequeno de fita. Seu pedaço de papel deve ser grande o suficiente para embrulhar o cristal. Recomendo que seja uma bela pedra de bolso, mas você escolhe o tamanho. Apenas pegue um papel que cubra completamente seu cristal, embrulhando-o como um presente. Dentro do papel, escreva o número 555 cinco vezes. Você não deve conseguir ver a escrita depois que embrulhar seu cristal. Em seguida, embrulhe o cristal, fechando o papel com um pedaço de fita ou um elástico. Estes próximos passos você vai fazer em um período de quatro dias, mudando o cristal de lugar a cada noite. Simplesmente, você vai impregnar sua pedra da energia do nascer do sol dos quatro pontos cardeais, começando no leste, mudando para o sul, depois para oeste e terminando no norte.

Agora, se você mora em um apartamento ou em um *flat*, que não lhe dá acesso a todas as quatro direções, terá que ser criativo sobre isso. Quando escrevi este livro, morava em um apartamento que tinha apenas janelas viradas para o oeste e uma pequena sacada que mal me dava uma vista do sul e do norte. Eu não tinha acesso ao nascer do Sol no leste. Então, enquanto fazia o exercício para este livro, usava meu carro movendo o cristal em volta da janela traseira para pegar as energias ocidental, oriental, setentrional e meridional de que precisava. Também poderia ter pedido a uma amiga minha para fazer o exercício no jardim da frente dela, mas parecia muito mais fácil com meu carro. Então, não se aflija se você tiver janelas limitadas, você encontrará uma forma fácil de energizar seu cristal.

Em todas as noites, você vai colocar seu cristal em uma janela, em uma sacada, em algum lugar no seu jardim ou, como eu fiz, no carro. Você retirará seu cristal todos os dias ao meio-dia, se possível. Se não, tudo bem, mas você deve tirá-lo de lá antes do nascer do sol seguinte. Quando seu cristal estiver no lugar, recebendo todo o Sol na manhã vindoura, recite a seguinte oração:

> *Invoco o poder do 555 e o Arcanjo Uriel*
> *para impregnar minha pedra do sol com o poder,*
> *a tranquilidade, a graça, e a alegria da mudança. Com*
> *os quatro pontos cardeais a me guiar,*
> *sei que sempre serei colocado na direção certa*
> *e trilharei o caminho correto, pois sou guiado pelo*
> *fluxo da transformação. Agradeço ao nascer do Sol,*
> *pois ele me lembra de que todas as coisas recomeçam,*
> *e, para isso acontecer, as coisas precisam se mover e*
> *mudar sempre. Uriel e 555, abençoem meu*
> *cristal, abençoem-me e mantenham-me em*
> *seu abraço protetor.*
> *Que assim seja.*

Quando você tiver impregnado sua pedra do sol com a energia de todos os pontos cardeais, desembrulhe-a e coloque-a no bolso, no sutiã ou em uma bolsa, pois você está pronto para ir e fluir com todas as mudanças novas prestes a se desenrolar na sua vida.

Outros Números para Trabalhar com a Energia de Uriel

- 550 – Quando alguém recebe mudança na sua vida, recebe também vários futuros possíveis e um número animador de oportunidades.
- 551 – É hora de mudar a forma como você vê sua magia pessoal. Você é um criador poderoso, então, permita-se transformar qualquer área da sua vida na qual não se sinta satisfeito. Apenas mexa sua varinha mágica e veja a mudança acontecer.
- 552 – Há um relacionamento na sua vida pronto para se transformar em algo diferente. Pode ser com outra pessoa, com um projeto criativo ou até com você mesmo.
- 553 – Só trabalho e nada de diversão o deixam bem chato, de fato. É hora de mudar a estrutura da sua vida diária para que você possa trazer mais lazer e diversão na sua rotina.
- 554 – Às vezes, ter limite e disciplina pode ser uma coisa boa. Agora você está sendo solicitado a mudar a forma com que vê essas coisas na sua vida. Uriel diz: "Onde um dia houve algo negativo, existe agora algo positivo".
- 556 – Qual parte de si mesmo você não tem amado da forma como ela realmente merece ser amada? Agora é hora de encontrar essa sua parte, e mudar seus pensamentos e sentimentos em torno de como você a vê, fala com ela e a abraça.
- 557 – Aprender habilidades novas é uma grande forma de receber mudança na sua vida. Inscreva-se em uma nova classe ou grupo de programa de *coaching* e deixe a nova energia se espalhar por sua vida.
- 558 – Tudo no mundo físico muda. Não existe um único aspecto que permaneça igual. Quando você teme o que vem depois, pense na natureza e em como ela permite a mudança com tanta facilidade para deixar a energia da força vital fluir.
- 559 – Todos os términos trazem mudança e este diante de você agora não é diferente. Apenas se lembre de que esse término está preparando o terreno para uma transformação incrível acontecer.

666 ~ Arcanjo Ariel

Ama a Ti Mesmo como Nós o Amamos

> "O amor-próprio é o maior presente que você pode dar para si mesmo, pois, quando você se ama, mostra ao restante do mundo como amá-lo também".

Significado Mais Profundo do 666

A palavra "amor" é jogada por todo lugar no reino humano, mas muitos seres humanos não conhecem o amor divino, nem se amam da mesma forma que o Divino ou os anjos. A energia do amor divino estará em sua forma mais pura quando você conseguir se amar da maneira que os anjos o amam – quando você consegue viver com amor, ser amor e viver a vida com seu coração, e não com sua cabeça. Os anjos se entristecem ao ver como muitos seres humanos não amam quem são ou sentem a necessidade de ser alguém que não eles mesmos. Os anjos veem quantos seres humanos têm dificuldade em serem eles mesmos e como a humanidade, em geral, questiona constantemente se é o bastante, por isso o Arcanjo Ariel quer que você entre no fluxo de trazer o amor para dentro de si por meio do ato de ver o número 666.

Você consegue pensar em alguém ou em algo que ama – total e completamente – sem julgamento? Talvez seja o amor por outro ser humano, um animal doméstico ou por um objeto físico. Esse amor que você tem pelo outro é tão puro que ele apenas emana de você sem pensar. Esse é o amor que o 666 pede para você direcionar para si mesmo, atrair para o seu ser e absorver. Amar-se e abrir-se para seu amor-próprio permitem que você descubra como o amor realmente é. Amor não é algo que aprendemos com o outro, mas é o que aprendemos com o modo como tratamos a nós mesmos. Quando nos tratarmos com compaixão, outros demonstrarão compaixão. Quando você se trata com gentileza, assim também o farão aqueles ao seu redor. Quando você consegue se ver sem críticas, não criticará mais os outros. Quando direciona o amor para dentro de si, irradia amor para fora. O número angélico 666 é sua chave para trazer mais amor não só para sua vida, mas também para o mundo como um todo.

A pergunta respondida pelo 666 é: "Quanto amor você pode dar a si mesmo?" O que você dá para si, dá ao mundo. O número angélico 666 o lembra de que o amor é como a respiração: você não pode só expirar. Em algum ponto, precisa inspirar, assim como você não consegue inspirar sem ter de expirar em algum momento. Você precisa tanto da inspiração quanto da expiração. O amor também funciona assim: você o recebe e o transmite – amor-próprio, amor divino e o amor por todos. É tudo simples como a respiração. Você não critica sua respiração. Não a considera valiosa ou indesejável. Você não impõe condições acerca de inspirar e expirar. Só aceita isso como algo necessário à sobrevivência e que faz por instinto. O número angélico 666 é seu novo hábito de amor. É o sinal de que se amar é tão simples e instintivo quanto respirar. Se os anjos não puderem ensinar nada mais aos seres humanos, deixe-os ensinar pelo menos sobre o amor, porque você não precisa fazer nada além de ser amado. Você é, portanto, você é amor. Você será amado e emanará esse amor para o mundo ao seu redor. Isso acontecerá sem pensar, por instinto, e a cada vez que vir o número 666.

O Anjo Ariel

Eu me lembro da primeira vez que Ariel apareceu para mim por meio da meditação. Para ser honesta, não foi um encontro dos mais graciosos. Perguntava-me se ela era um espírito de uma sereia, e ela ficava me dizendo não. Na época, eu não conhecia muito sobre os anjos e quantos deles existiam. (Só para constar, há centenas de milhares deles.)

Mas isso é uma divagação. Eu já trabalhava com Uriel há uns dois meses quando Ariel apareceu na minha vida. Para mim, Ariel tem uma energia semelhante à de Uriel, e se eu não soubesse, diria que eles eram o yin e o yang um do outro. No entanto, quanto mais eu trabalhava com eles, mais conseguia discernir as diferenças em suas energias. Se esses dois anjos forem novos para você, pode ser perdoado por pensar neles como dois lados de uma mesma moeda. A maior diferença é que Ariel é dedicada a ensinar os seres humanos como eles são amáveis. Ela entra nas vidas das pessoas para lembrá-las de como elas são amor, não que elas precisam de amor. Tem uma diferença enorme nisso. Só de falar essa frase em voz alta, você notará uma diferença na energia. Vá em frente e tente. "Eu sou amor" e depois diga: "Eu preciso de amor". Uma declara sua energia como amor; a outra contém a vibração da falta de amor.

O trabalho de Ariel deveria ser o mais fácil do mundo, mas ela me diz que muitas vezes é um dos mais difíceis. Parte seu coração ver quantos de nós, seres humanos, não acreditamos que somos amáveis. Invocar o Arcanjo Ariel na sua vida é uma lição de amor-próprio. Você não precisa ser digno de sua presença para ela aparecer. Não necessita fazer nem ser nada para ela lembrá-lo de quanto amor você já tem dentro de si. Ao longo dos anos, muitos clientes me disseram como eles não se sentiam merecedores para invocar os anjos por ajuda e orientação, e que eles achavam que seriam julgados e rejeitados pelas ações do passado. Ariel é seu lembrete de que você não precisa ser merecedor para ser quem já é. Você é amor. O amor e você são um só. Não existe separação de quem você é e da energia vibracional que chamamos de amor.

"Eu sou amor, eu sou" é seu mantra. É seu direito nato. Amor é a própria essência que o criou, que o percorre e o leva de uma encarnação a outra. Tudo o que você é, tudo o que faz e tudo que se torna é uma forma de amor. Não há nenhuma parte de você que não seja tocada pelo amor, e é o trabalho do Arcanjo Ariel lembrá-lo dessa verdade. Pois isso é verdade, mesmo quando duvidamos dela, a afastamos ou tentamos fugir dela. A questão é, quando você é amor, jamais poderá ultrapassá-lo, escapar dele ou se afastar. Pode ser que nem sempre você o reconheça, ou nem mesmo sinta que quer possuí-lo, mas ele é você e você é ele.

Depois do nosso primeiro encontro, trabalhei com Ariel por meses curando as muitas feridas dentro do meu chacra cardíaco. Vi em primeira mão como tinha me machucado terrivelmente ao pensar que eu estava separada do amor e ao julgar meu merecimento de amor. As cicatrizes e as feridas abertas que carregava comigo apareceram não porque o amor não estava disponível para mim, mas porque eu tinha a falsa crença de não merecer amor. Ariel nos lembra de que o amor não precisa de nada para acontecer; ele apenas é. Deixe-o entrar e você verá como realmente é parecido com o amor.

Visualização/Meditação de Ariel: Envie Amor a Si Mesmo

Nesta meditação guiada, você conseguirá se conectar com o Arcanjo Ariel e a energia vibracional do número 666. Lembre-se de que não há uma forma certa ou errada de se conectar com essas energias, pois elas aparecerão de diferentes maneiras para todos. Alguns podem ter sensações no corpo, como calor ou frio, enquanto fazem essa meditação, enquanto outros podem sentir como se algo ou alguém tocasse em seu rosto e cabeça ao lerem o roteiro da meditação. Outros podem ver cores ou notar que seus sentidos ficam mais aguçados, enquanto alguns podem não sentir nada da primeira vez que fazem esta meditação, ou talvez até da segunda ou terceira vezes. Saiba apenas que, independentemente do que aconteça ou não, Ariel está lá ao seu lado e guardará um espaço sagrado para você explorar a energia de amor que ela apresenta junto à energia vibracional do 666. Faça esta meditação em algum lugar silencioso, onde não seja incomodado. Se sentir vontade, deixe uma vela branca acesa durante a meditação. Lembre-se só de apagá-la quando terminar. Você pode gravar este roteiro e ouvi-lo para poder fechar seus olhos ou pode simplesmente ficar de olhos abertos e ler as palavras. De qualquer modo, você se conectará com a energia e ela o beneficiará.

Faça o que for mais confortável.

Vamos começar

Para esta meditação, é essencial pensar em si como se fosse outra pessoa, alguém separado, mas ainda conectado consigo mesmo. Isso é importante, porque costumamos cuidar dos outros com mais facilidade do que direcionamos esse cuidado para nós mesmos. Então, para esta meditação, crie uma visão de si que precisa de maior cuidado. Pode ser sua criança interior, pode ser uma versão de você que necessite de uma cura física, ou poderia ser uma versão sua que tem dificuldades mentais e emocionais. Poderia ser a versão que está progredindo e que precisa ser lembrada de que, mesmo quando você se sente bem e se esforça, ainda necessita de gentileza, compaixão, apoio e inspiração. Não importa qual versão sua você escolhe, desde que veja essa versão de quem é como separada, mas ainda conectada a você.

Fique confortável, respire fundo e devagar algumas vezes e leve essa versão de você à sua mente. Veja essa versão em seu estado de dificuldade, dúvida, expansão, tristeza ou dor. Permita-se assimilar totalmente essa versão de si mesmo e a cena que criou. Onde você colocou essa versão? O que tem ao seu redor nesse lugar? O que você consegue ouvir e como se sente quando olha para si? Enquanto retém essa imagem na sua tela mental, reúna tanta informação quanto puder da cena, sem se apegar ou se conectar emocionalmente. Coloque a mão no coração, e peça para a energia do 666 e o poder de cura do Arcanjo Ariel fluírem de você para a cena, e para essa sua versão que precisa de amor-próprio e autocuidado. Observe enquanto essa energia sai do seu coração para a cena e a impregna com uma linda luz rosa. Quanto mais energia do seu chacra cardíaco você puder enviar, e quanto mais profunda for a conexão formada entre o número 666 e o Arcanjo Ariel, mais luz você impregnará na imagem na sua tela mental. Lembre-se de respirar enquanto envia essa luz rosa para sua versão que precisa dela. Impregne essa cena, essa imagem, com tanto amor-próprio e autocuidado que você conseguir. Observe enquanto essa sua outra versão recebe abertamente essa energia. Veja como essa versão apenas deixa a luz rosa entrar em seu ser na sua inspiração. Veja-a preenchendo essa sua versão do topo da cabeça às pontas dos pés, fazendo-a brilhar como uma estrela rosa cintilante.

Quando se sentir completo, ou perceber que a energia seguiu seu curso, e você não sentir mais seu puxão, repita as palavras: "Obrigado e eu amo você" por três vezes, antes de tirar a mão do coração. Respire fundo e devagar algumas vezes, inspirando pelo nariz e expirando pela boca, conforme retorna ao seu corpo, tornando-se focado e atento, sabendo que essa sua versão, esse seu pedaço que você viu durante a meditação, agora está muito melhor do que estava antes. Continue a respirar profunda e lentamente até sua consciência plena voltar ao seu corpo na sala, e entenda que você é integral, completo e uno com todos os seus pedaços. Você pode repetir esta meditação em qualquer momento e pode direcionar essa energia a qualquer versão que quiser. O poder do amor-próprio e do autocuidado está literalmente nas suas mãos.

Montagem de um Altar para 666 e para o Arcanjo Ariel

Quando montar este altar, lembre-se de que ele será seu altar para autocuidado e amor-próprio. Uma forma de montá-lo é colocar uma visão de autocuidado e amor-próprio ou um mural das emoções no seu altar. Você pode cortar e colar no seu mural quantas imagens quiser. Entre as coisas que você precisará para seu altar estão uma imagem de Ariel ou uma carta de oráculo com a imagem dela, uma vela vermelha para representar o amor profundo e puro, o número 666 escrito em um pedaço de papel verde, um pouco de sal, um punhado de terra, algumas penas e qualquer outra coisa que sentir vontade de colocar no altar para representar autocuidado e amor-próprio. Você também vai querer se sentar e compor uma oração ou intenção para Ariel e o 666. Pode ser algo como, por exemplo: "Ariel, eu a invoco para me mostrar o caminho para me amar. Oriente-me a tomar decisões carinhosas e abrir meu coração para que eu consiga me ver por meio dos seus olhos divinos".

Depois de montar seu altar, recomendo borrifá-lo com um *spray* purificador ou defumá-lo com uma vareta de ervas com pétalas de rosas. Isso ajudará a limpar o espaço e prepará-lo para sua oração. Após purificar seu altar e quando estiver pronto para começar, respire fundo algumas vezes, acenda uma vela vermelha e declare sua intenção em voz alta, começando com as palavras: "Invoco o Arcanjo Ariel e o poder do 666 para ouvir minha intenção e ajudar-me a conquistá-la da forma mais gratificante e acolhedora. Que minha intenção seja para o meu bem maior e para o bem de todos aqueles que possam estar em envolvidos na realização da minha intenção". Então leia sua intenção/oração: "Minha intenção/oração é...".

Para encerrar o ritual, você pode apagar a vela ou deixá-la acesa, se for seguro. Se resolver apagá-la, repita primeiro estas palavras: "Enquanto apago esta vela, creio que sua fumaça leva minha intenção ao céu para ser manifestada pelo Universo. Estou pronto para receber meu pedido, que assim seja". Então, apague a vela.

Seu trabalho agora é ficar alerta a todas e quaisquer ofertas de amor e devoção que aparecerem na sua vida. Não as julgue, nem questione seus motivos. Em vez disso, aprenda apenas a agradecer e aceitar, deixando seu coração receber sem condições, limitações e expectativas. Confie que o Arcanjo Ariel flui em volta da energia que paira agora na sua vida.

Tópicos para Escrita Automática

Após fazer sua oração, ou até depois de fazer a visualização, você perceberá que sua conexão com Ariel ficará mais aberta, e mensagens e informações começarão a se manifestar ou brotar aos poucos. Elas podem vir na forma de palavras isoladas, frases ou até de um conhecimento interno. Por isso, agora é um bom momento para pegar seu diário e tirar proveito dessa conexão. Intitule sua página como: "Conversas com Ariel e a Energia Vibracional Conhecida como 666". Se estiver familiarizado com diários, já comece a escrever, pois você saberá como sentir os toques de informação vindos do número 666 e do Arcanjo Ariel. Se a escrita de um diário for novidade para você, tente usar os tópicos a seguir para iniciar o processo:

- Ariel, como saberei quando você está por perto?
- Onde na minha vida preciso aprender a ter mais amor-próprio?
- Por que no passado tive dificuldade de me amar da mesma forma que costumo amar os outros?

- Como posso estabelecer práticas mais amorosas e devocionais na minha experiência diária?
- Como assimilar a energia do 666 me auxiliará hoje?

Você verá que esses tópicos já o colocarão em um bom fluxo de escrita e, antes de perceber, foi além deles. Apenas se dedique ao processo, confie que Ariel guia sua mão e não tente usar a lógica para entender nada que apareça no começo.

Cristal Angélico: Quartzo Rosa

O quartzo rosa é o cristal do coração. Ele ressona com a frequência do amor materno incondicional. Por isso, tantas pessoas se veem atraídas por ele. Esse quartzo tem uma presença carinhosa e suave, acalma os nervos, aterra a energia de volta ao corpo e cura, lenta e suavemente, as feridas do coração. Isso faz dele o cristal perfeito para impregnar com a energia do 666 e o brilho suave e amoroso do Arcanjo Ariel. Para fazer isso, você precisará de uma pedra de bolso de quartzo rosa (pois você pode querer carregar esse cristal consigo com regularidade), um pedaço de papel grande o bastante para embrulhar sua pedra nele, um elástico ou fita para fechar o embrulho e uma caneta. Você também precisará de uma vela rosa para alinhar com seu quartzo rosa, uma foto sua e um cronômetro. Ajuste seu cronômetro para dois minutos.

Para começar, escreva o número 666 no topo do seu papel. Em seguida, escreva as seguintes afirmações embaixo dele:

"Eu sou amor, eu sou".

"Eu sou a frequência do amor".

"Estou ressonando com amor".

"Minha vida é uma oração viva para o amor".

"Todos os dias minha vida flui, de todas as formas, com a frequência do amor divino".

Se quiser acrescentar mais algumas, por favor, faça isso, mas saiba que essas cinco são mais do que o suficiente. Você pode decorar seu papel, se sentir necessidade. Pode colocar também imagens do que ama no papel, como uma foto sua. Quando o papel estiver pronto, coloque seu quartzo rosa no meio dele e embrulhe sua pedra, fechando o embrulho com um elástico ou uma fita.

Depois de terminar com seu cristal e seu papel, sente-se diante do seu altar ao Arcanjo Ariel. Coloque sua vela rosa no altar e a acenda. Fique confortável e olhe fixamente para a chama da vela. Ponha o cristal na sua mão (não importa qual) e segure-o no seu coração. Então, acione seu cronômetro. Nos dois minutos seguintes, repita as palavras "Eu te amo" várias vezes até o cronômetro parar. Você pode ficar de olhos abertos e focado na chama ou, se for mais fácil, concentre-se no mantra e feche os olhos. Quando o cronômetro terminar, não tenha pressa para se levantar. Em vez disso, apenas se sente com seu cristal e decida se vai deixá-lo embrulhado ou se vai desembrulhá-lo. Não existe uma escolha certa ou errada aqui. Confie em sua intuição. Se você não conseguir se decidir nesse momento, deixe-o embrulhado e coloque-o no altar até você precisar do cristal, e então ficará claro para você como trabalhará com essa pedra. Você pode resolver deixar seu cristal embrulhado, lacrando a energia, ou decidirá desembrulhá-lo e sentir a energia impressa profundamente e guardada dentro dele. Confie que qualquer decisão que tomar será a certa para você, para seu coração e para o modo como trabalhará com a energia do 666 e do Arcanjo Ariel.

Outros Números para Trabalhar com a Energia de Ariel

- 660 – Quanto mais amor você enviar para si mesmo, mais oportunidades de amor-próprio verá. Assim que estiver no vórtice do seu amor, ele expandirá e lhe mostrará outras formas de expressá-lo, criá-lo e recebê-lo.
- 661 – Seja um líder em amor-próprio, encontrando hoje formas de demonstrar como o amor pode ser a ferramenta mais poderosa que você tem no seu cinto de ferramentas mágico. Envie amor para seu chefe, seu supervisor, para qualquer pessoa na sua vida que o supervisione ou tenha um cargo superior ao seu. Veja-os cercados na mesma energia de amor na qual você se vê.

- 662 – Envie amor ao seu eu do passado. Retenha uma imagem de si mesmo no passado na sua mente e envie para ela tanto amor quanto puder. Veja-se banhado por esse amor enquanto ele cura e transforma a dolorosa energia do eu passado.
- 663 – Envie amor ao seu eu futuro. Você vive na energia residual, e isso significa que o que você vivencia hoje é o que preparou para si há semanas, meses ou às vezes até anos. Então, hoje, dê amor ao seu eu futuro. Escolha uma data no futuro, visualize-se nesse momento e banhe-se no amor. Pense em como essa energia será maravilhosa quando você conseguir alcançá-la!
- 664 – Imponha seus limites com amor. Muitas vezes, construímos muros e limites ao nosso redor como mecanismos de defesa. Eles costumam vibrar muito medo. Quando vir este número, ele pede para você destruir esses muros e construir no lugar limites com amor. Estabeleça limites amorosos e restrições em torno da sua vida, do seu corpo, da sua mente e da sua energia. Fazer isso como um ato de amor-próprio apenas permitirá que a melhor energia retorne para você.
- 665 – Aceite a mudança com amor. Guarde-a no seu coração. Diga-lhe que a ama e a veja banhada na luz do Arcanjo Ariel, sabendo que essa mudança vem até você direto da frequência do amor.
- 667 – Ariel me disse uma vez que as lições na vida não precisam ser duras, nem ásperas. Na verdade, ela diz que podemos pedir que elas sejam delicadas, gentis e amorosas. Então, hoje, quando vir este número, lembre-se de que você pode pedir lições amorosas, em vez daquelas duras e rápidas.
- 668 – Ame o que tem. Ame o que criou e ame tudo o que ainda deseja ter. Encher seu mundo material de amor significa que cada troca que você terá será intencional, fortalecedora e expansível.
- 669 – Reflita por um momento no amor que você distribuiu na vida. Não julgue a qualidade ou o tamanho dele, reconheça apenas que ele esteve, está e sempre estará lá. Você veio do amor e ao amor retornará.

777 ~ Arcanjo Raziel

O Desconhecido é Seu Guia; Confie Nele

"Quando você se abre às coisas que não conhece, descobrirá mais coisas para enriquecer e expandir sua vida."

Significado mais Profundo do 777

Você já notou que, quanto mais sabe, mais percebe não saber? Essa é a energia do 777. É a busca e a sede insaciável de conhecimento. Em muitos aspectos, o 777 é um chamado para o aprendizado superior e para se expandir de todas as formas, não só a mental. Quando o 777 entra na sua vida, ele o alerta para o fato de que as lições estão em andamento. Algumas delas podem ser novas ou outras ser antigas, e reaparecem para serem aprendidas, esclarecidas e curadas. O interessante no 777 é que você pode ser o professor ou o aluno. Não existe divisão em se tratando do 777, por isso pensamos nesse número como o número mestre/aluno. Quando estamos no caminho do conhecimento, da sabedoria e da compreensão, o 777 virá até nós, quer estejamos no papel do aluno ou quando estivermos no papel do professor. Você ensina para aqueles que ainda não estão tão avançados no caminho em que está, mas também aprende com aqueles que estão mais avançados no caminho do que você.

Nesse aspecto, o 777 nos mostra como o conhecimento é uma troca de ideias. É uma dança entre múltiplos parceiros, que constantemente trocam e giram, e você nunca sabe bem quem ou o que virá a seguir.

Cada novo desconhecido traz consigo uma nova lição a ser aprendida e uma nova pessoa a quem comunicar alguma parte da sua sabedoria. O Arcanjo Raziel sabe que estamos sempre trocando conhecimento. Estamos constantemente em um diálogo com o 777, na maior parte do tempo sem saber. Nós ensinamos só por estarmos vivos. Aprendemos apenas vivendo. Esse jogo de puxa e empurra, essa troca de ideias, esse *yin* e *yang* é a forma com que analisamos a energia do 777. Essa jornada é sobre aprender com o desconhecido, pois sempre nos vemos em um lugar de receber ou compartilhar informações.

    O Arcanjo Raziel questiona: "Qual lição está tentando captar sua atenção?" Para responder a essa pergunta, só preste atenção à próxima vez que o 777 aparecer dançando na sua vida. Por qual situação você está passando neste momento? Quem está com você? Onde você está fisicamente? Eu costumava ver o 777 em placas de carros quando dirigia para aulas ou cursos que eu ministrava. Sem falhar, a cada vez que ia ensinar, o 777 aparecia bem na minha frente. Chegou ao ponto de eu apenas esperar vê-lo. O fantástico é que, embora eu fosse aquela pessoa que ministrava a aula ou o curso, sempre saía sabendo algo que nunca soube que eu não sabia, o que é exatamente o que o 777 nos traz: o desconhecido e as coisas que não tínhamos conhecimento de que não sabíamos. Isso faz do desconhecido um dos melhores guias que temos. O Arcanjo Raziel sabe disso, por esse motivo ele adora colocar o 777 para piscar na nossa vida no momento certo. Pense no 777 como o modo de Raziel de conspirar para o seu melhor e seu bem maior. Ele o ilumina para algo que você não conhecia, mas precisava conhecer, e para algo que você nunca buscou porque não sabia que não sabia e precisava saber. Ainda está confuso? Raziel gosta de trabalhar com charadas e linhas em zigue-zague desordenadas, então não se preocupe se nesse instante sua cabeça está girando. Em vez disso, acredite que o 777 está aparecendo na sua vida porque você precisa saber algo, como uma lição, uma ideia, uma mudança na perspectiva ou um momento educativo que você nunca soube ser necessário até ele aparecer.

O Anjo Raziel

Raziel é um trapaceiro, mago, mestre das charadas e matemático. Ele leva jeito com enigmas, equações e indagações, e adora trazer à tona o conhecimento oculto. Sempre que houver um problema a ser resolvido, ou algo novo a ser aprendido, Raziel estará lá. Fui apresentada a Raziel quando tentava chegar a um acordo com todos os meus novos amigos anjos. Minha vida tinha virado de cabeça para baixo e eu estava caminhando pelas águas do Lago Desconhecido. Eu gostaria de dizer que Raziel estava lá para me jogar uma boia, mas esse não é muito o estilo dele. Ele é mais o tipo de anjo que fica de pé na praia e lhe lança perguntas enquanto você está tentando aprender a nadar. Veja, Raziel não vai simplesmente lhe entregar as respostas. Ele gosta de criar as condições nas quais você encontre suas próprias respostas, tenha suas próprias descobertas e encontre seu próprio caminho de volta à praia. Com esse arcanjo não se trata de perfeição, mas sim de resultados. Quanto mais complicada a equação, mais atrapalhada a tentativa de encontrar sua própria solução, mais feliz Raziel fica, o que é uma das chaves para trabalhar com esse anjo e a energia do 777.

Confiar no desconhecido não é para ser bonito. Não existem formas elegantes de aprender o que você não conhece. É tudo tentativa e erro. Trata-se de errar as coisas antes de acertá-las. A questão é, quando Raziel aparece na sua porta, você pode garantir que a vida está prestes a ficar bem interessante. Então, vista roupas confortáveis, prenda o cabelo para cima e se prepare para sujar suas mãos. Isso não é sobre estar pronto ou preparado mental ou espiritualmente. Você será tirado da sua zona de conforto, e Raziel olhará fundo na sua alma e lhe pedirá para ter fé. Ele pede para você ter fé no que está acontecendo, no que é revelado, e indica que a bagunça e a confusão o levam pelo caminho do conhecimento, das respostas e das soluções. Isso é libertador de muitas maneiras, pois não há uma forma certa ou errada de trabalhar com o 777 e o Arcanjo Raziel. Quando o 777 entra na sua vida, é hora de determinar os locais na sua vida nos quais as coisas estão virando de cabeça para baixo. Pode ser até uma área que pareça fora de controle ou desgastante. É aí que você encontrará o Arcanjo Raziel.

Agora, não me leve a mal, ele não cria o caos; apenas tem talento para encontrar os fragmentos de informação necessários para acalmar a tempestade, e colocar você e todos os envolvidos de volta a uma nova sensação de normalidade. Isso é parte de saber o que você nunca soube que não sabia. Depois de identificar essa área da sua vida, é hora de dar o primeiro passo da sua jornada com 777 e Raziel, que é se render. Largue tudo o que acha que sabe. Quando se esvazia a mente, cria-se um espaço para novas coisas entrarem. Quanto mais vazio você estiver, mais poderá ser preenchido com o conhecimento e a compreensão de que Raziel e o 777 podem trazer.

Visualização/Meditação de Raziel: Abrindo-se para Respostas, Soluções e Informações Novas

Nesta meditação guiada, você conseguirá se conectar com o Arcanjo Raziel e a energia vibracional do 777. Esta meditação o ajuda a se conectar com a frequência do conhecimento, da sabedoria e da compreensão. Ela também pode ser usada para eliminar qualquer medo ou dúvida que possa estar carregando. Essa energia baseada no medo poderia muito bem ser um ponto de resistência a se abrir ao aprendizado de algo novo. Poderia igualmente bloquear o surgimento de uma resposta a uma questão ou da solução de um problema. Esta meditação também pode ajudá-lo a mudar seu foco e afastar sua mente de um problema, e permitir que o invisível fique visível. Não existe jeito certo ou errado de sentir essa energia. Ela aparecerá de uma forma diferente para cada um. Alguns podem ter sensações no corpo, como calor, frio ou até como se algo ou alguém tocasse seu rosto e sua cabeça enquanto você segue o roteiro da meditação. Você pode ver cores ou os seus sentidos podem ficar mais aguçados. Também pode não sentir nada da primeira vez que fizer isso, ou talvez, até da segunda ou terceira vezes. Saiba apenas que não importa o que acontece ou não com você. Raziel está lá ao seu lado e guardará um espaço sagrado para que possa explorar tudo o que se tornará visível para você. Faça esta meditação em algum lugar silencioso, onde não seja incomodado. Se sentir vontade, acenda uma vela azul, pois essa é a cor do chacra laríngeo, o centro da comunicação, e deixe-a acesa durante toda a meditação. Apenas se lembre de apagá-la depois de terminar. Você pode gravar este roteiro e ouvi-lo para poder fechar os olhos, ou pode simplesmente ficar de olhos abertos e ler as palavras. De qualquer forma, você se conectará com a energia e ela o beneficiará.

Faça o que lhe for mais confortável.

Vamos começar

Comece ficando confortável. Relaxe em uma poltrona apropriada ou deite-se, se quiser. Apenas saiba que você não adormecerá durante esta meditação, pois sua consciência ficará focada e ciente de tudo o que estiver fazendo e da energia à qual você se alinha. Uma vez confortável, foque a sua respiração. Sinta o ar enquanto ele atinge o fundo da sua garganta, abre caminho até os pulmões e preenche seu abdômen. Ao expirar, sinta a respiração sair por sua boca. Enquanto continua a respirar, leve à sua mente um problema ou situação com os quais vem lutando, ou uma questão para a qual vem buscando uma resposta. Se não houver uma dificuldade real na sua vida agora, talvez você apenas queira ver o que está oculto do seu ponto de vista atual. De qualquer forma, meditará intencionalmente para algo ser revelado que escapa de você ou que precise ser mencionado neste momento.

Foque a respiração, inspirando pelo nariz e expirando pela boca. A respiração deve ser tão longa e profunda quanto for possível. Na inspiração, inspire a questão ou a situação. Ao expirar, abra-se para receber uma resposta ou solução. Inspire o desconhecido e expire o que for revelado. Quando você ficar confortável com o exercício respiratório, convide o Arcanjo Raziel para seu espaço de meditação e para sua energia e aura. Permita que ele o alinhe com a frequência do desconhecido, do encontrado e do revelado. Você pode vê-lo como uma cor ou um raio de luz que envolve sua questão, situação ou problema. Ele também pode aparecer na forma completa, pronto para apontar respostas e falar coisas desconhecidas para você. Apenas permita o que for que aconteça se desenrolar, e permaneça com o exercício respiratório, inspirando fundo e devagar e expirando por completo. Permaneça com essa energia até sentir que recebeu tudo o que estiver atualmente disponível para você. Você saberá quando isso acontecer, pois sentirá uma gota de energia ou uma frieza banhá-lo, ou terá aquele conhecimento interno de que o tempo acabou.

Depois de terminar e saber com certeza que a conexão com o que busca foi liberada, aterre-se devagar de novo ao seu corpo e leve sua atenção de volta à sala. Enquanto a experiência ainda estiver fresca na sua mente, pegue seu diário ou um bloco de anotações, e anote toda e qualquer coisa que lhe tenha sido revelada, incluindo como Raziel se apresentou para você. Se tiver sua resposta ou solução, seu próximo passo será agir. No entanto, se sentir que a informação que você recebeu está incompleta, repita a meditação até receber as respostas que busca. O Arcanjo Raziel nunca se cansa de responder a questões, resolver problemas simples ou complexos ou até mesmo lhe mostrar coisas novas. Então você pode fazer esta meditação várias vezes.

Montagem de um Altar para 777 e para o Arcanjo Raziel

Todos nós temos coisas que queremos aprender. Todos temos novas ideias, novas habilidades ou novas aventuras que gostaríamos de explorar. O primeiro passo de toda essa novidade é se abrir ao conhecimento novo, à sabedoria nova e às novas formas de ser e fazer. É mais fácil montar este altar para uma coisa nova por vez. Se quiser voltar a estudar, escreva uma carta para si mesmo como se fosse o secretário acadêmico da faculdade ou da universidade que deseja frequentar. Diga a si que foi aceito. Faça isso da forma mais carinhosa e cheia de admiração que possa sonhar. Se estiver buscando um emprego novo, escreva uma carta como se fosse o diretor do departamento pessoal da empresa, parabenizando-o por seu novo cargo. Seja qual for essa nova aventura, escreva uma carta que lhe dá uma luz verde. Reivindique-a. Tome posse dela. Então a coloque no seu altar junto a uma imagem ou fotos que combinem com o que está pedindo para Raziel alinhar para você. Entre as coisas que precisará para seu altar estão uma foto do Arcanjo Raziel, uma carta de oráculo ou uma impressão com a imagem dele, uma vela azul-escura, para comunicação aberta, o número 777 escrito em um pedaço de papel verde, um pouco de sal para proteção, um punhado de terra para aterrar sua oração, algumas penas para representar os anjos e tudo o que você sentir vontade de colocar no altar. Você pode também querer se sentar e compor uma oração ou intenção para Raziel e o 777. Você poderia dizer algo como, por exemplo: "Raziel, eu o invoco para me auxiliar a elevar meu nível para que eu possa adquirir novas habilidades e me esforçar de formas que me façam crescer e expandir. Rogo que me guie e me apoie enquanto dou um salto de fé nesta aventura desconhecida".

Depois de montar seu altar, recomendo purificá-lo com um *spray* de óleo essencial para limpar o espaço mental e energeticamente, e prepará-lo para sua oração. Após reunir suas ferramentas mágicas, e quando seu altar estiver preparado, enfeitado e pronto, respire fundo algumas vezes, acenda sua vela e declare sua intenção em voz alta, começando com as palavras: "Eu invoco o Arcanjo Raziel e o poder do 777 para ouvir minha intenção e auxiliar-me a conquistá-la da forma mais inteligente e sábia possível. Que minha intenção seja para o meu bem maior e o bem de todos aqueles que estiverem envolvidos na realização da minha intenção". Então continue e leia sua intenção: "Minha intenção/oração é...".

Para encerrar o ritual, você pode apagar a vela ou deixá-la acesa, se for seguro. Se resolver apagar a vela, repita primeiro estas palavras: "Ao apagar esta vela, acredito que sua fumaça carrega minha intenção ao céu para ser manifestada pelo Universo. Estou pronto para receber meu pedido, que assim seja". Apague sua vela.

Seu trabalho agora é permanecer aberto e receptivo, confiando que Raziel ouviu suas preces e que você lançou a pedra que causará ondulações na sua futura linha do tempo.

Tópicos para Escrita Automática

Após fazer sua oração, ou até depois de ter feito a visualização, notará que sua conexão com Raziel está aberta e ele começará a se comunicar com você. Isso pode vir na forma de palavras isoladas, frases ou até apenas de um conhecimento interno. Se sentir vontade, pegue seu diário e aproveite essa conexão. Intitule sua página como: "Conversas com Raziel e a Energia Vibracional Conhecida como 777". Se estiver familiarizado com a elaboração de um diário, vá em frente e comece a escrever, pois você saberá como sentir os toques de informação vindos do número 777 e do Arcanjo Raziel. Se escrever um diário for novidade para você, use os tópicos a seguir para iniciar o processo:

- Raziel, como saberei quando você está por perto?
- Onde não estou confiando em mim e na minha sabedoria interna?
- Por que tive dificuldades no passado em confiar no desconhecido e em assumir minha própria sabedoria interna?
- Como posso ficar mais atento aos sinais de Raziel e confiar que eles me apontam na direção certa?
- Como assimilar a energia do 777 me ajuda hoje?

Você pode achar que os tópicos já o colocam em um bom fluxo de escrita e, antes de perceber, foi além deles. Apenas se dedique ao processo, confie que Raziel guia sua mão e não tente usar a lógica para entender nada que apareça no início.

Cristal Angélico: Diamante Herkimer

O diamante Herkimer é um dos poucos cristais que você pode ultilizar para guardar informação e usá-lo depois. Eles são como computadores vivos. Isso faz deles cristais de sabedoria e guardiões do conhecimento. Agarre-se a um e ele pode lhe ensinar algo novo, mesmo se não tiver sido carregado. Isso faz desse cristal a pedra perfeita para baixar e guardar a energia do 777 e do Arcanjo Raziel. Para codificar esse cristal com a frequência do 777 e fixar a energia do Arcanjo Raziel, primeiro você precisará purificar sua pedra de bolso Herkimer. Faça isso passando-a pela fumaça de sálvia, palo santo ou até cipreste. Ou então colocando-a ao lado de uma luminária de sal ou sobre um bloco de sal. Você pode fazer isso porque quer que seu computador de cristal seja uma tela em branco para sua codificação. Você precisará saber também quando será a próxima lua crescente, pois aproveitará o poder dessa fase lunar específica. A lua crescente é quando as coisas são trazidas do escuro para a luz, muito como Raziel revela as coisas desconhecidas.

Depois de preparar seu cristal, você pode começar a reunir o restante das suas ferramentas mágicas. Vai precisar de um pedaço de papel, uma caneta, uma fita ou um elástico, um pouco de sal para proteção (qualquer um serve), um pouco de terra para aterramento (qualquer uma serve), um pouco de açúcar para adoçar o feitiço (qualquer um) e uma vela branca (pois ela representa todas as cores) ou dourada (para se conectar com o Divino). Uma daquelas velas pequenas para réchaud servirá, se for tudo o que você tiver à mão. Misture o punhado de sal, o açúcar e a terra. Isso serve para aterrar e proteger a energia, mantendo o tempo todo o elemento de diversão e brincadeira. Coloque a mistura em um pratinho e deixe-a de lado, por enquanto. Agora, pegue seu papel e escreva o maior número 777 que puder, preenchendo toda a página. Em seguida, coloque seu diamante Herkimer no meio do papel e polvilhe em cima dele a mistura de sal, açúcar e terra. Embrulhe seu cristal com o papel e o feche com uma fita ou um elástico. Coloque o pacote com o diamante Herkimer no seu altar. Pode ser aquele que você fez especificamente para seu altar a Raziel ou um de qualquer outro altar que você tenha preparado para os feitiços.

Você deve fazer isso na primeira noite da fase da lua crescente e com a vela acesa.

Repita o seguinte encantamento:

> *Invoco o poder do 777 para ativar meu cristal.*
> *Dar a ele o poder de me mostrar o que foi oculto quando for necessário.*
> *Rogo ao Arcanjo Raziel para impregnar este cristal com seu poder*
> *para me guiar a todas as coisas que preciso saber, quando preciso saber.*
> *Invoco a energia da lua crescente para me guiar da escuridão da ignorância para a luz do conhecimento e da compreensão.*
> *Com essas três energias combinadas, ativo agora meu cristal.*
> *Assim se disse, agora é feito.*

Deixe seu diamante Herkimer no altar até o primeiro dia da lua cheia. Então, desembrulhe-o. Devolva a mistura de sal, açúcar e terra de volta ao solo e coloque seu cristal do lado da cama ou no seu escritório. Use-o durante a meditação quando quiser receber uma resposta a uma pergunta, ou coloque-o debaixo do seu travesseiro, para receber sonhos que possam lhe trazer informações e inspiração.

Outros Números para Trabalhar com a Energia de Raziel

- 770 – É hora de se lançar em algo que nunca fez antes. Coisas novas são uma grande forma de aprender, crescer e se expandir. Neste momento, suas possibilidades são infinitas.
- 771 – Hoje é o dia de aprender algo novo sobre si mesmo. Dê uma chance a você, saia e conheça-se mais do que antes.
- 772 – Descubra algo novo sobre seu(sua) parceiro(a) ou cônjuge hoje. Peça-lhe para compartilhar algo que você não sabia sobre ele(a).
- 773 – Os amigos têm muito a nos ensinar. Fique alerta hoje a uma lição amigável sobre como desfrutar do mundo ao seu redor.
- 774 – A estrutura nem sempre precisa ser chata; na verdade, muitas vezes existem oportunidades de expansão a serem encontradas nas tarefas diárias mais mundanas.
- 775 – A mudança é o melhor momento de encontrar uma nova habilidade, aprender uma nova lição e expandir seu conhecimento. Agora é hora de aproveitar a mudança na sua vida e ver que conhecimento ela traz em seu caminho.
- 776 – Cuidar de si mesmo é uma jornada vitalícia, uma que tem muitas reviravoltas e na qual aprendemos sempre coisas sobre nós, nossas necessidades e nossos desejos. Use sua hora de autocuidado para aprender hoje sobre um novo desejo que você tiver.
- 778 – O mundo físico é a maior sala de aula que existe. Se você precisa de uma resposta para um problema, olhe ao seu redor, pois ela está muito provavelmente bem na sua cara.

- 779 – Os fins são pontos de crescimento e expansão, pois eles nos ensinam como nos desapegar, como sermos gratos e como deixar para trás as coisas das quais não precisamos mais. Hoje, um fim está lhe oferecendo o espaço para desapegar e aprender como ser grato pelos términos que vive atualmente.

888 ~ Arcanjo Raguel

Você Está Atualmente no Fluxo da Abundância Divina

> "Permaneça no fluxo divino e entenda que a lei da abundância no mundo físico começa com você."

Significado mais Profundo do 888

O número angélico 888 está aqui para lembrá-lo de que você está sempre conectado com o fluxo divino. Pode ser que nem sempre perceba isso, mas isso é só porque você não localiza o que acontece no seu caminho e, em vez disso, concentra-se no que não acontece do jeito que quer. O Arcanjo Raguel e o número 888 querem trazê-lo de volta ao fluxo. Eles querem que você mude seu ponto de perspectiva e comece a criar um vórtice de fluxo. Quando você está alinhado com o fluxo, sempre parece ter o bastante e não pode deixar de encontrar ainda mais áreas da sua vida que sejam abundantes. Na realidade, é assim que a lei da abundância funciona. Primeiro, você a encontra, então você a aumenta e, antes de perceber, criou um ímã gigante que apenas a atrai.

Quando o 888 aparece na sua vida cotidiana, é hora de deixar o fluxo acontecer, entregar suas expectativas e desculpas a Raguel, e deixar que ele o ponha no rio da abundância divina. Deixe o 888 levá-lo rio abaixo, para tudo o que o aguarda e para tudo o que sempre o aguardou. O fluxo é aquele estado maravilhoso no qual tudo apenas se encaixa sem esforço. Pessoas, lugares e situações se alinham para você com graça e facilidade. É quase como se você estivesse no meio de um milagre desabrochando. O número angélico 888 é a frequência dessa energia. É a senha para sua abundância divina pessoal. No entanto, para assimilar de fato essa frequência, para aprender como imprimi-la na sua vibração, você precisa estar ciente dela antes de qualquer coisa. O Arcanjo Raguel sabe como pode ser fácil permitir que o mundo externo dite seu fluxo, além de deixar contraí-lo, mesmo quando não há motivo para fazer isso. Não é de se surpreender que algumas pessoas se sintam constantemente desligadas, deixadas de fora ou para trás. O número angélico 888 nos diz que não precisa ser assim e que você pode buscar por evidências fora de si para corroborar esse ponto de vista.

É aí que acontece a magia interna do 888. No momento em que você decide, no segundo em que escolhe abrir as portas para a abundância divina dentro de si, você dá permissão ao mundo externo para começar a apresentar evidência para apoiá-lo, ou seja, na próxima vez em que vir o 888, conecte-se com seu eu interior, deixe-o mostrar como você está no fluxo da abundância divina, visualize-se sendo beijado pelo Divino e, então, deixe o Arcanjo Raguel trazer para você a abundância que é sua por direito. Comece a procurar ativamente pelas coisas que entram na sua vida sem esforço. Abra-se para receber com graça e observe, enquanto mais amor emana de você para todos ao seu redor. É assim que flui a lei divina: sai de Deus para você, para aqueles que entram em seu mundo. O número angélico 888 diz: alinhe-se, abra-se, receba, compartilhe, repita.

O Anjo Raguel

Como eu vivo na transparência, tenho de admitir que Raguel é um anjo bem novo para mim, ou seja, não trabalhamos juntos por muito tempo. Ele é um dos vários anjos novos que acabaram de entrar na minha vida nos últimos dois anos. A esse respeito, vejo-o um pouco como um anjo para subir de nível. Quero dizer com isso que ele aparece quando você está pronto para se elevar e quando estiver se preparando para passar para uma nova frequência áurica. Isso realmente dá ainda mais poder a essa conexão com 888, pois os 8s se tratam realmente do mundo material. Para mim, três 8s mostram o terceiro nível do controle do reino físico. Nesse nível você foi além das necessidades básicas, mudou para além das carências e dos desejos do ego, e agora está trabalhando a fim de equilibrar suas necessidades espirituais e experiência física.

Não foi por acaso que Raguel, junto a um punhado de outros anjos, apareceu na minha vida no exato momento em que decidi abandonar minha experiência de vida atual. Minha esposa e eu decidimos que ficarmos parados, reunindo cada vez mais coisas materiais, não era para nós, então doamos tudo e colocamos nossas vidas em duas malas. Isso nos impeliu a confiar no fluxo divino, ter fé que nossa abundância sempre estaria lá e que os anjos não nos desapontariam. Afastamo-nos da beira do desconhecido e pulamos nele sem rede de segurança. Aguardando por nós com os braços abertos estava o Arcanjo Raguel. Não era surpresa que, nas primeiras duas semanas dessa vida nova, víamos o 888 em todo lugar, em todo lugar mesmo, incluindo quartos de hotel, placas de carro, extratos de conta bancária e *outdoors*. Estava em todos os locais. Na verdade, cada vez que eu tinha um momento instável, o 888 aparecia e eu sentia Raguel por perto, lembrando-me para permanecer aberta, procurar pelo fluxo, observar os alinhamentos e começar a coletar evidências de que tudo estava bem e como deveria estar.

Não há dúvidas de que, quando o Arcanjo Raguel entra na sua vida, sua autoconfiança aumenta, pois aqui, na frequência do 888, você deve confiar em si. Precisa confiar que saberá quando e onde se alinhar com o fluxo de abundância. Você também terá de confiar que saberá quando e onde encontrar provas de que se alinhou com a lei da abundância. Terá de confiar igualmente que você deixará o Arcanjo Raguel lhe trazer aquilo de que precisa, quando necessita, em todos os momentos, sem exceção. Isso é muita confiança. Isso pode explicar por que Raguel apenas aparece em certos momentos da vida de uma pessoa. Você necessita estar preparado para a energia que ele traz. Tem de querer andar na onda de frequência que o 888 lhe trará. E, ainda mais importante, você precisa estar disposto a desapegar e confiar.

Visualização/Meditação de Raguel: Reinicie Seus Sentimentos Fundamentais em torno da Abundância

Nesta meditação guiada, você conseguirá se conectar com o Arcanjo Raguel e a energia vibracional do 888 para ajudar a trazer mais abundância para sua vida. Não existe certo ou errado no decorrer desta meditação. Você pode ter sensações no corpo, como calor, frio ou até como se algo ou alguém tocasse seu rosto e cabeça enquanto avança pelo roteiro da meditação. Pode até ver cores ou seus sentidos podem ficar mais aguçados. Além disso, você pode não sentir nada na primeira vez que realizá-la ou talvez até da segunda ou da terceira vezes. Saiba apenas que, independentemente do que aconteça ou não com você, Raguel está lá ao seu lado e guardará um espaço sagrado para que explore tudo o que ficar visível para você. Faça esta meditação em algum lugar silencioso, onde não seja incomodado. Se sentir vontade, acenda uma vela branca, por ser uma vela inclusiva, e a deixe acesa por toda a meditação. Lembre-se só de apagá-la quando terminar. Sinta-se à vontade para gravar este roteiro e ouvi-lo para que possa fechar seus olhos, ou você pode simplesmente ficar de olhos abertos e ler as palavras.

Faça o que for mais confortável.

Antes de começarmos esta meditação, quero que você pense nos três sentimentos fundamentais que quer em abundância na sua vida. Como esses três sentimentos criarão o vórtice de energia dos seus mundos interno e externo, escolha com cuidado quais sensações deseja expandir. Talvez você queira ter uma abundância de amor, gentileza ou paz. Esses sentimentos são seus e você pode escolher quais deseja usar. Depois de selecionar quais serão seus três sentimentos fundamentais para esta meditação, recomendo anotá-los em um pedaço de papel para tê-los com você.

Agora, chamamos o Arcanjo Raguel e pedimos para ele ficar ao seu lado hoje, aproximar-se e abrir seu chacra cardíaco, seu chacra do terceiro olho e seu chacra sacral, pois você usará esses três centros de energia para criar, sentir e reter a visão da energia expansiva abundante que chamará para sua vida hoje. Concentre-se na respiração, inspirando pelo nariz e expirando pela boca tão devagar e profundamente quanto puder, acreditando que, enquanto você relaxa seu corpo, acalma sua mente e foca a respiração, o Arcanjo Raguel abre devagar seus três chacras e os impregna com sua energia angélica. Enquanto ele continua a fazer esse trabalho de energização em você, transfira o foco da sua mente para seu segundo chacra, o espaço entre sua pelve, que é seu centro da criação. Ao transferir seu foco para esse centro de energia, envie o sentimento que você quer ter em abundância para ele. Veja a palavra entrando na luz criada pelo Arcanjo Raguel e no seu chacra. Respire fundo e, em seguida, envie seu segundo sentimento fundamental para esse chacra também. A seguir, repita o processo com o terceiro sentimento, para que todos os três sentimentos fundamentais agora sejam codificados com amor no seu segundo chacra.

À medida que você respira, verá que o Arcanjo Raguel deu uma cor específica a cada um de seus sentimentos, isto é, às energias que você quer expandir e ter em abundância na sua vida. Essa cor é uma linda luz que gira dentro do segundo chacra. Enquanto você continua a inspirar e expirar, observe conforme o Arcanjo Raguel puxa essa luz mesclada do segundo chacra e a coloca no seu chacra cardíaco. Agora, você tem energia conectando seu chacra sacral com o cardíaco, enquanto esses três sentimentos fundamentais começam a aprofundar sua conexão com seus corpos físico e energético. Continue a respirar e a focar essa luz enquanto ela começa a se mover ainda mais por seu corpo. Respire fundo e devagar mais uma vez enquanto o Arcanjo Raguel movimenta essas três faixas de luz colorida, esses três sentimentos fundamentais, até seu terceiro olho, o chacra no centro da sua testa. Ele impregnará esse centro de energia, o centro da visão e da vista com essa energia colorida. Agora você conseguirá ver como a vida se parecerá com uma abundância dessas energias, pulsando por seu corpo e expandindo para o mundo externo.

Imagine sua experiência cotidiana abençoada com uma abundância desses três sentimentos fundamentais. Veja como passar sem esforço de um sentimento a outro, envolvendo-o em suas tarefas diárias e impregnando todos aqueles com quem entra em contato com essa energia, mudando literalmente a criação do seu mundo externo. Continue a reter essa visão enquanto vê essas lindas luzes, esses três fios de cor, expandirem-se para além de você para todos com quem entrar em contato. Veja-os se expandirem ainda mais para sua comunidade, para seu estado e para seu país, espalhando-se por todo o planeta. Continue a irradiar essa luz para o mundo inteiro, embutindo, imprimindo, codificando e instruindo essa energia a se tornar ampliada, aumentada e abundante para você e para todos que precisarem dela. Permaneça com essa visão por uns dois minutos, lembrando-se de inspirar devagar e profundamente pelo nariz e expirar pela boca. Quando sentir que a energia começa a desvanecer, respire fundo mais uma vez e abandone essa visão, enquanto o Arcanjo Raguel termina seu trabalho de energização, enviando essa luz por você, para dentro de cada célula de seu corpo.

Quando a visão sumir completamente, continue e agradeça ao Arcanjo Raguel por aparecer hoje e auxiliá-lo com esse trabalho. Volte ao exercício respiratório, inspirando pelo nariz e expirando pela boca, enquanto retorna devagar ao centro. Coloque-se de volta no momento. Mexa os dedos das mãos e dos pés, e solte seu pescoço e ombros enquanto, aos poucos, traz sua consciência de volta ao seu corpo e à sala onde está sentado. Quando estiver pronto, abra seus olhos e continue com o resto do seu dia. Se fez essa meditação à noite, beba um pouco de água para expelir as toxinas dos seus rins e ir relaxando até adormecer.

Montagem de um Altar para 888 e para o Arcanjo Raguel

Este é seu altar da lei de atração. Ele é o único altar que você pode montar e deixar em algum lugar na sua casa e apenas ir mudando as coisas que deseja atrair. Esse é o único altar com o qual você pode se divertir. Quer que o Arcanjo Raguel o ajude a manifestar um carro novo? Compre uma réplica de brinquedo do carro que você deseja e coloque-o no altar ou encontre uma foto dele na internet, imprima e coloque-a no altar. Quer manifestar mais dinheiro? Coloque uma escultura de uma bolsa de dinheiro ou um pote de ouro ou use imagens de notas de dinheiro, se você tiver. Quer manifestar as férias dos seus sonhos? Bem, acho que você sabe o que precisa fazer. Vá em frente e reúna todos os seus avatares de manifestação e divirta-se montando seu altar. Outras coisas de que precisará para seu altar de bênçãos incluem uma imagem de Raguel ou uma carta de um oráculo com a imagem dele, uma vela verde ou dourada (cores ligadas à abundância), o número 888 escrito em um pedaço de papel dourado ou amarelo, um pouco de sal para proteção, um punhado de terra para aterrar a energia, algumas penas para representar os anjos e tudo o mais que você achar que necessita colocar no altar. Você também pode querer se sentar e compor uma oração ou intenção a Raguel e ao número 888.

Pode ser algo como, por exemplo: "Raguel, mantenha-me no curso da minha abundância divina. Mostre-me como manter meus pensamentos alinhados à minha visão. Ajude-me a colocar minhas emoções em um resultado positivo, e permita-me trazer mais paz e graça à minha vida cotidiana".

Depois de arrumar seu altar, recomendo borrifá-lo com um *spray* de sálvia ou defumá-lo com sálvia ou palo santo apenas para purificar mental e energeticamente o espaço, e deixá-lo totalmente preparado para sua oração. Depois de enfeitar seu altar e purificar seu espaço, é hora de começar. Respire fundo algumas vezes, acenda sua vela e declare sua intenção em voz alta, começando com as palavras: "Invoco o Arcanjo Raguel e o poder do 888 para ouvir minha intenção e ajudar-me a realizá-la da forma mais abundante. Que minha intenção seja para o meu bem maior e o bem de todos os envolvidos". Então leia sua intenção/oração: "Minha intenção/oração é...".

Para encerrar o ritual, você pode apagar a vela ou deixá-la acesa, se for seguro. Se resolver apagar sua vela, repita primeiro estas palavras: "Enquanto apago esta vela, acredito que sua fumaça carrega minha intenção ao céu para ser manifestada pelo Universo. Estou pronto para receber meu pedido, que assim seja". Apague a vela.

Seu trabalho agora é permanecer aberto, ser receptivo e confiar que tudo o que você está manifestando esteja no seu caminho e chegará da forma mais divina no tempo divino.

Tópicos para Escrita Automática

Depois da sua oração, ou até mesmo após fazer a visualização, você pode notar que sua conexão com o Arcanjo Raguel parecerá aberta, e pode até mesmo ver mensagens e informações começarem a se manifestar ou fluir por você. Elas podem vir na forma de palavras isoladas, frases ou até de apenas um conhecimento interno. Se sentir que quer acessar essa conexão enquanto ela está aberta e fluindo, pegue seu diário e aproveite esse diálogo. Intitule sua página como: "Conversas com Raguel e a Energia Vibracional Conhecida como 888". Se estiver familiarizado com a escrita de um diário, comece a escrever, pois saberá como sentir os toques de informação vindos do número 888 e do Arcanjo Raguel. Se escrever um diário for novidade para você, use os tópicos de escrita a seguir para começar com o processo:

- Raguel, como saberei quando você estiver por perto?
- Onde não estou permitindo o fluxo da minha vida?
- Por que tive dificuldade no passado com a lei da abundância e todas as bênçãos que ela pode trazer à minha vida cotidiana?
- Como posso ficar mais ciente da abundância na minha vida?
- Como assimilar a energia do 888 me auxilia hoje?

Você pode achar que só os tópicos já o colocam em um bom fluxo de escrita e, antes de perceber, já foi além deles. Apenas se dedique ao processo, acredite que Raguel guia sua mão e não tente usar a lógica para entender nada do que aparece no começo.

Cristal Angélico: Cornalina

A cornalina é usada para motivar, abrir a criatividade e nos colocar em um estado mais profundo de autoconfiança e autovalorização. Isso faz dela uma pedra fantástica com a qual trabalhar quando precisamos trazer as coisas que desejamos do mundo da imaginação para o físico. Ela nos coloca em um estado de confiança, condescendência e aceitação. Essa é a parte "permitir" e "receber" da equação: peça e será concedido. Isso faz da cornalina a pedra perfeita para codificar com 888 e a energia do Arcanjo Raguel. Semear esse cristal com a energia do 888 o tornará um cristal de manifestação poderoso.

Você precisará dos seguintes suprimentos mágicos: uma pedra de bolso ou pedaço de cornalina, um pedaço de papel grande o bastante para embrulhar seu cristal, uma caneta, um pouco de terra, um pouco de sal e um barbante. Depois de reunir todos os seus suprimentos mágicos, pegue seu pedaço de papel e escreva 888 quantas vezes você conseguir por toda a página. Encha-a o máximo que puder. Depois de preencher seu papel com 888, polvilhe a terra e o sal sobre o papel. Só uma polvilhada de leve é tudo o que queremos. Agora, coloque seu cristal no meio do papel, embrulhe, e amarre tudo com o barbante.

Pegue seu pequeno pacote com a mão direita e coloque-o do lado do seu coração, enquanto coloca a mão esquerda sobre seu chacra sacral. Respire fundo devagar e se acomode. Solte seus ombros e seu pescoço conforme respira fundo e devagar mais uma vez. Sinta o início de uma conexão com a energia do seu chacra sacral, do seu chacra cardíaco e do seu cristal. A cada inspiração, sinta a energia do cristal e do número 888 entrando em seu coração. Ao expirar, sinta a energia criativa se abrir e se expandir para fora do seu chacra sacral. Retenha essa energia pelo exercício respiratório pelo tempo que conseguir, aumentando aos poucos sua atenção à presença do Arcanjo Raguel ao seu lado na sala. Apenas continue a respirar. Continue a inspirar a energia do cristal, conectando-a ao ritmo do seu coração. Permita-se mergulhar ainda mais fundo na energia de Raguel e expirar a energia expansiva do segundo chacra. Quando você se sentir pronto, ou sentir que a corrente de energia parou, pare a respiração e tire as mãos do seu corpo. Você pode colocar seu pacotinho no altar para o Arcanjo Raguel durante as 24 horas seguintes para aprofundar a energia ou, se sentir que seu cristal já está carregado o bastante, abra o pacote, devolva a terra e o sal ao jardim sob uma árvore, e jogue o papel e o barbante em uma lixeira para recicláveis. Agora você pode carregar sua cornalina consigo ou deixá-la na sua mesa no escritório. Gosto de deixar meus cristais de manifestação no meu espaço de trabalho, pois eu pessoalmente sinto que eles mantêm o espaço carregado e aberto para o fluxo criativo. Mas faça o que você quiser!

Outros Números para Trabalhar com a Energia de Raguel

- 880 – Tenha fé no desconhecido, pois a frequência da abundância conta com ele para criar milagres.
- 881 – Agora é hora de se ater à sua visão, continuar a trilhar o caminho e não olhar por sobre seu ombro. Líderes avançam sem se importar se têm seguidores ou não.
- 882 – O mundo interno cria o externo. Se quiser ver mais fluxo divino no seu mundo externo, deve primeiro se conectar com o fluxo divino dentro de si.
- 883 – A abundância é um esporte coletivo. Você não pode andar no fluxo dessa frequência sem cocriar com outros. Pare por um momento hoje para agradecer a todos aqueles que participam da sua vida abundante.
- 884 – O mundo físico vai melhor quando é autorizado a fluir. Procure lugares na sua vida onde você possa ter descartado o fluxo e deixe o Divino entrar em cada canto da sua experiência.
- 885 – Agradeça ao Arcanjo Raguel pela mudança. Sem ela, a vida nunca poderia ficar mais feliz, saudável ou mais jubilosamente deliciosa.
- 886 – A abundância precisa ser estimulada, assim como outra energia. O modo como você a alimenta, conversa e se compromete com ela dita como a abundância aparece no seu mundo.
- 887 – Saber de onde vem e para onde vai a abundância na sua vida mostrará como você prioriza seu fluxo. O conhecimento é uma moeda poderosa; tome posse dele.
- 889 – A abundância é um ciclo; ela vem e vai de acordo com as necessidades, as vontades e os desejos da sua frequência vibracional. Você pede por algo, ele é enviado, você confia e deixa para lá e, então, recebe. Descubra onde você está hoje no ciclo.

999 ~ Arcanjo Rafael

A Energia da Cura Está ao Seu Redor

"Você está atualmente na frequência da energia de cura. Apenas relaxe, respire, e deixe a cura banhá-lo."

Significado Mais Profundo do 999

Eu já trabalho como terapeuta energética e *coach* há mais de uma década, e uma das coisas que sempre me surpreende é como muitas pessoas estão mal-informadas sobre o que é a cura. Claro que conhecemos a cura física: superar a doença ou até se recuperar de uma lesão. No entanto, o trabalho de cura envolve muito mais e é mais complexo. Podemos nos curar do trauma, do vício, da mágoa, da dor, do abuso, da solidão, do abandono, da tristeza, da depressão e de muitas outras coisas. A lista do que você poderia se "curar" é tão extensa que levaria dias para percorrê-la. Por isso, quando você vê o 999, não tente descobrir do que você pode se curar, porque muito provavelmente estará errado. Raramente temos uma ideia do tipo de trabalho de cura de que precisamos, pois tendemos a focar onde sentimos a dor. Contudo, a dor não é a causa, mas um sintoma. No entanto, o Arcanjo Rafael sabe e ele pode enviar a cura direto para a área de que precisa mais.

Você não precisa saber, questionar ou imaginar, só necessita permitir a cura e permanecer aberto e receptivo à energia. O número angélico 999 poderia oferecer a cura em uma parte da sua vida hoje e depois trabalhar em outro aspecto seu amanhã. A esse respeito, o 999 e o Arcanjo Rafael nos lembram de que estamos constantemente no fluxo da energia de cura. Não existe um momento em que ela não flui para nós, por meio de nós e ao nosso redor. Às vezes ela trabalha na sua mente, em outros momentos nas suas emoções ou então em seu corpo. Ela consegue trabalhar até na sua aura, nos seus chacras ou em qualquer parte da sua experiência física. A cura pode acontecer em qualquer lugar e a qualquer momento. Então, da próxima vez que vir o número 999, diga apenas: "Estou aberto e pronto para me sintonizar com a frequência da cura"; ou: "Rafael, estou aberto e receptivo à sua energia de cura; cure-me como achar apropriado". Essas duas declarações o abrem e baixam sua resistência ao fluxo da energia da cura. O número angélico 999 diz: "Apenas baixe sua resistência e a cura pode começar".

Permita-se a liberdade de não precisar imaginar tudo isso, e só deixe o 999 e o Arcanjo Rafael entrarem para ajudar. Há algo muito libertador em desapegar, abandonar a necessidade de estar no controle e confiar em um poder supremo. O número angélico 999 é seu lembrete de que você não precisa analisar as coisas e de que, às vezes, é de fato mais sensato se render a uma energia que sabe mais do que nosso ego. O ego é o maior obstáculo à saúde e ao bem-estar. Então, pratique o distanciamento social da influência do seu ego e coloque-se na frequência do 999 e do Arcanjo Rafael. É assim mesmo que a cura funciona no corpo, na mente, no espírito e na vibração.

O Anjo Rafael

Rafael é outro desses anjos que não parece ter uma associação clara a um gênero, por isso costumo me referir a Rafael como "ele(a)" ou "dele(a)". Ora ele(a) aparecerá na forma masculina, ora na feminina e, às vezes, em uma forma agênera. Parece que caber em uma estrutura humana estrita não é a praia desse arcanjo. Esse é outro motivo pelo qual você pode se ver pronunciando o nome dele de outra forma também. Quando estava escrevendo este livro, eu alternava as ortografias. A ortografia que finalmente resolvi usar é aquela que me parece ser a versão não binária desse arcanjo. No entanto, se o Arcanjo Rafael aparecer ou se apresentar a você com um gênero específico, continue a trabalhar com ele(a) desse modo. Rafael está mais preocupado em espalhar a cura e a energia de cura do que com qualquer outra coisa. Saúde, bem-estar, prosperidade e felicidade são muito mais importantes para esse arcanjo do que o gênero escolhido para aparecer.

O Arcanjo Rafael preferiria que você focasse a sua vida ou os seus aspectos que precisem de cura e o deixasse desvanecer no fundo, para que a energia de que você precisa possa ser transmitida por completo. Esse é o verdadeiro serviço, e acredito de fato que haja uma lição para todos nós em como o Arcanjo Rafael escolhe priorizar o serviço sobre a autoidentificação. O trabalho é mais importante do que a identidade. O "nós" é mais essencial do que o "eu". O número angélico 999, junto ao Arcanjo Rafael, está aqui para ajudar a lhe mostrar como servir de um modo espiritual. Essa é uma lição em ver como a cura está conectada com o todo, e não com as partes que o compõem – em outras palavras, o "nós", e não "eu". Aquilo que precisa ser identificado é apenas uma parte do todo, por isso é importante deixar a energia de cura correr por onde precisa ir, e não a direcionar para onde o ego acha que ela necessita ir.

Invoque o Arcanjo Rafael para ajudá-lo em momentos difíceis, ou quando sentir um medo intenso, ansiedade e pânico. Esses tipos de emoções destroem o sistema imunológico da pessoa, e não estão alinhados com a saúde e o bem-estar. Peça para o Arcanjo Rafael curar sua mente, acalmar suas emoções e trazê-lo de volta a um estado de paz e graça. Deixe o arcanjo e o número 999 trazerem você de volta ao vórtice da cura e o colocarem em sintonia com as frequências de que seu corpo, sua mente, seu espírito e sua vida precisam neste momento. A cura muda de um instante para o outro, por isso você quer permanecer aterrado no agora, não no passado, nem no futuro. O arcanjo nunca o curará de um lugar no passado, ou seja, você não pode voltar atrás e curar o que já foi feito. Rafael também nunca premeditará sua energia de cura para o futuro. Com isso, quero dizer que ele(a) não lhe dirá qual será ou não sua cura no futuro, pois toda a cura será realizada aqui e agora. É no momento presente que o passado é curado e a energia de cura é preparada para o eu futuro. Isso significa que o que acontece agora reverbera pelo passado como energia de cura e na direção do futuro para criar uma experiência curada. Então, na próxima vez em que você vir o número 999, saiba apenas que o Arcanjo Rafael está ali ao seu lado e acontece a cura, que não beneficiará só você, mas também todos ao seu redor.

Visualização/Meditação de Rafael: Receba a Cura dos Anjos

Nesta meditação guiada, você vai se conectar com a energia de cura do Arcanjo Rafael e a energia vibracional do 999. Esta é uma meditação de autocura e não existe uma forma certa ou errada de passar por ela. Você pode ter sensações físicas durante esta meditação ou ondas emocionais, ou até não sentir nada. Saiba apenas que, independentemente do que acontece ou não com você, Rafael está lá ao seu lado e guardará um lugar sagrado para você explorar. Faça esta meditação em algum local silencioso, onde não seja incomodado. Se sentir vontade, pode acender uma vela verde para a saúde e a cura, e deixá-la acesa durante a meditação. Se não conseguir encontrar uma vela verde, pode usar uma vela branca para *réchaud*. Lembre-se só de apagá-la quando terminar. Você pode gravar este roteiro e ouvi-lo para poder fechar os olhos ou pode, simplesmente, ficar de olhos abertos e ler as palavras. De qualquer forma, você se conectará com a energia e ela o beneficiará.

Faça o que for mais confortável para você.

Antes de iniciarmos esta meditação, pense em uma área da sua vida para a qual quer enviar energia de cura. Leve essa área da sua vida à frente da sua mente. Talvez seja sua saúde, talvez seja um relacionamento, talvez seja seu trabalho ou sua carreira. Você poderia pedir até por cura em torno de qualquer resistência que possa ter em tomar uma atitude no seu próximo passo ou em um novo projeto. Você não precisa saber exatamente para onde a cura será direcionada, apenas a área geral para a qual gostaria que o Arcanjo Rafael direcionasse a energia. Deixe os detalhes com Rafael.

Depois de identificar a área na sua vida para a qual você gostaria de enviar essa energia, peça para o arcanjo passá-la para seu campo energético e para seu corpo áurico. Você pode fazer isso simplesmente dizendo: "Arcanjo Rafael, eu o invoco para ajudar a curar e reiniciar meu corpo vibracional e purificar meu campo áurico". Depois de chamar Rafael, fique confortável. Coloque música, se sentir vontade, e respire fundo e bem devagar. Concentre-se na sua respiração, conforme você coloca sua mente em alinhamento com seu corpo no momento presente, inspirando fundo pelo nariz e expirando pela boca, enquanto foca o relaxamento, a calma e a paz. Quanto mais relaxado você conseguir ficar, mais energia de cura seu corpo vibracional absorverá. Enquanto começa a relaxar os ombros, libere o estresse do seu pescoço, sinta a pressão do dia sair do seu corpo e respire mais fundo. Acredite que Rafael esteja bombeando energia de cura na área da sua vida para a qual você solicitou sua assistência. Seu trabalho é apenas relaxar e deixar a energia fluir por onde precisa ir, confiando que essa cura angélica está acontecendo, continuará a acontecer e está disponível para você em qualquer momento que solicitar. Você pode até ver a energia do Arcanjo Rafael como uma luz colorida, que envolve e entra na área da vida escolhida, mas, se você não conseguir, tudo bem. A energia de cura está sendo enviada de qualquer forma.

 Permaneça nesse estado e foque o exercício respiratório por quanto tempo sentir necessidade. Pode ser uns dois minutos ou meia hora. Confie na sua intuição e saiba que, quando sua sessão com o Arcanjo terminar, você notará uma mudança na energia ao seu redor. Pode perceber de repente um ar quente ou frio no seu rosto ou no seu corpo. Pode sentir um sopro sobre seu rosto ou até alguém brincando com seu cabelo. Essa é uma indicação de que sua sessão acabou. Quando você tiver essa sensação física, volte a se centrar devagar, abra os olhos, examine a sala, vire o pescoço para um lado e para o outro, e alongue suas mãos e seus dedos das mãos e dos pés. Respire fundo e devagar algumas vezes, enquanto traz sua atenção de volta ao seu dia e às tarefas que o aguardam. Quando estiver pronto, levante-se de sua posição relaxada e continue com o restante das suas atividades diárias.

Montagem de um Altar para 999 e para o Arcanjo Rafael

Seu altar de cura será diferente dos outros. Esse é dedicado exclusivamente à sua cura e ao seu bem-estar. É um altar que você pode deixar montado por quanto tempo quiser. Não precisa esperar até sentir que está com a saúde desalinhada para usá-lo. Na verdade, recomendo que o monte quando estiver se sentindo o mais saudável possível. Se, no entanto, você sofre de uma doença crônica, faça isso quando sua mente conseguir focar saúde e bem-estar. Seu corpo pode não estar onde você quer que ele esteja, mas você pode sempre apontar sua mente na direção do bem-estar. Você quer fazer isso quando sua mente puder focar a saúde e o bem-estar porque, quer ter o máximo possível de vibrações de conforto cercando seu altar. Monte esse altar quando se sentir tão bem quanto puder, seja o que for que isso possa significar para você! Coloque itens que representem como você se sente quando está bem. Podem ser imagens suas fazendo trilhas, acampando, velejando, ou alguma outra imagem feliz e saudável que queira colocar nesse altar. Você também precisará de uma foto de Rafael ou uma carta de oráculo com a imagem do anjo ou alguma imagem que tenha imprimido, uma vela verde, o número 999 escrito em um pedaço de papel verde, um pouco de sal, um punhado de terra, algumas penas e qualquer outra coisa que deseje colocar no altar. Você também pode querer se sentar e compor uma oração ou intenção a Rafael e ao 999. Pode ser algo como: "Rafael, estou pronto para me deleitar com as vibrações da minha saúde divina. Estou aberto a entrar em um estado de bem-estar constante. Confio em você para me lembrar de que a saúde e o bem-estar estão sempre presentes para mim e nunca precisem ser limitados ou aparecerem com parcimônia".

Depois de montar seu altar, purifique-o visualizando uma luz branca explodindo sobre ele, como uma bomba branca explodindo e limpando toda e qualquer energia indesejada. Isso preparará seu altar para a oração. Em seguida, respire fundo algumas vezes, acenda sua vela e declare sua intenção em voz alta, começando com as palavras: "Invoco o Arcanjo Rafael e o poder do 999 para ouvir minha intenção e ajudar-me a realizá-la da forma mais curativa possível. Que minha intenção seja para o meu bem maior e para o bem de todos aqueles que possam estar envolvidos em sua realização". Então, continue e leia sua intenção/oração: "Minha intenção/oração é...".

Para encerrar o ritual, você pode apagar a vela ou deixá-la acesa, se for seguro. Se resolver apagar sua vela, primeiro repita estas palavras: "Ao apagar esta vela, acredito que sua fumaça carrega minha intenção ao céu para ser manifestada pelo Universo. Estou pronto para receber meu pedido, que assim seja". Apague a vela.

Tópicos para Escrita Automática

Depois de fazer seu trabalho de cura, você notará que sua conexão com Rafael está mais aberta do que costuma ser. Isso significa que mensagens e informações podem começar a se manifestar ou fluir por sua mente consciente. Essas mensagens podem vir na forma de palavras isoladas, frases ou talvez de apenas um conhecimento interno. Se sentir vontade, pegue seu diário e aproveite essa conexão. Intitule sua página como: "Conversas com Rafael e a Energia Vibracional Conhecida como 999". Se estiver familiarizado com a escrita em diário, comece a escrever, pois você saberá como sentir os toques de informação vindos do número 999 e do arcanjo. Se fazer um diário for novidade para você, use os tópicos a seguir para iniciar o processo:

- Rafael, como vou saber quando você estiver por perto?
- Onde não estou deixando a saúde e o bem-estar entrarem na minha vida?
- Onde tive dificuldades no passado para me conectar com a energia de cura de Rafael na minha vida cotidiana?
- Como posso ser mais ciente da sua energia de cura na minha carreira?
- Como assimilar a energia do 999 me ajuda hoje?

Você pode descobrir que os tópicos já o colocam em um bom fluxo de escrita e, antes de perceber, foi além deles. Apenas se dedique ao processo, confie que Rafael guia sua mão e não tente usar a lógica para entender no início.

Cristal Angélico: Prehnita

Esse cristal costuma ser dado a terapeutas, pois é conhecido como a pedra da "cura dos terapeutas". É uma pedra do chacra cardíaco que trabalha na abertura do coração, usada como uma ferramenta de cura poderosa. Isso faz dela a pedra perfeita para codificar e preparar as frequências do 999 e do Arcanjo Rafael. Para este exercício, você precisará das seguintes ferramentas mágicas: uma prehnita de um tamanho que caiba no bolso, um pedaço de papel, uma caneta vermelha, uma vela verde para a energia de cura, um pedaço de fita ou barbante e uma imagem de Rafael. Este exercício é para criar um cristal que ressoe com as frequências de cura do número 999. Note, por favor, que este é apenas um talismã, um objeto para ajudar a manter sua mente concentrada em toda a energia de cura que entra na sua vida. Esse cristal não o curará de uma doença, nem substitui um médico ou tratamento médico.

Depois de reunir suas ferramentas mágicas, pegue seu pedaço de papel e uma caneta vermelha e desenhe um grande coração no papel, ocupando o máximo de espaço possível. Em volta da borda do coração, escreva os números 999 quantas vezes precisar, até preencher todo o contorno do coração. No meio do coração, coloque sua imagem do Arcanjo Rafael. Então, em cima da imagem, coloque sua prehnita. Agora, embrulhe o cristal no papel e o feche com uma fita pequena ou amare com seu pedaço de barbante. Leve seu pacotinho para seu altar a Rafael. Você pode querer acrescentar outros itens no seu altar dessa vez. Se tiver um quadro de visualização de saúde e bem-estar, você pode querer adicioná-lo também, mas não precisa. Depois de montar seu altar, acenda sua vela verde e recite a seguinte oração:

> *Arcanjo Rafael, eu o invoco.*
> *Impregne este cristal com a energia de cura do seu coração.*
> *Encha-o com a frequência do 999,*
> *E o recodifique para me ajudar a manter minha saúde e meus objetivos de bem-estar.*
> *Assim é dito e feito.*

Agora, deixe seu pacote com o cristal no seu altar até sua vela queimar até o fim. Se não conseguir deixar isso acontecer e tiver de apagá-la, deixe o cristal no altar e faça a oração de novo até a vela queimar totalmente. Depois de terminar, desembrulhe o cristal e o use quando sentir a necessidade de levar o Arcanjo Rafael e a energia do 999 para seu dia. Você pode reaproveitar a imagem de Rafael e o papel com seu coração e utilizá-los no seu altar, ou usá-los com seu quadro de visualização de saúde e bem-estar. Se não quiser fazer isso, por favor, encontre um modo responsável de descartá-los.

Outros Números para Trabalhar com a Energia de Rafael

- 990 – Há modos ilimitados de canalizar a energia de cura na sua vida agora, apenas relaxe e deixe-a fluir.
- 991 – Há algo muito pessoal e interno que precisa da sua permissão para receber a energia de cura. Não negue, admita e permita que o Arcanjo Rafael leve a cura ao seu mundo interno.
- 992 – A cura flui por seus relacionamentos ligados ao coração hoje, então abra seu coração e deixe a energia de cura emanar do seu coração para alguém que ama.
- 993 – Um espaço social que você frequenta precisa que envie um pouco de energia de cura. Pergunte às pessoas hoje como elas estão indo e deixe-as perceber que você as respeita.
- 994 – O medo é apenas outra oportunidade de cura. Sempre que sentir medo hoje, entregue-o ao Arcanjo Rafael para a cura.
- 995 – A mudança é só outra palavra para cura. Quando curamos o passado, enviamos ao mesmo tempo energia de cura para o futuro. E fazemos isso realizando mudanças no momento presente.
- 996 – É hora de purificar seu lar. Livre-se de toda a energia velha e reinicie-o com as novas frequências de cura do amor, da alegria e do bem-estar.
- 997 – Hoje, tire uma folga e descanse, pois esta é uma das coisas mais curativas que você pode fazer para seu corpo, sua mente e sua alma.

- 998 – Tudo no seu mundo precisa de cura, não por estar quebrado, mas por merecer amor, compaixão e reconhecimento.

1010 ~ Arcanjo Gabriel

Você é Uno com Tudo

> "Aprenda a lei da totalidade e entenda seu lugar na matriz universal."

Significado mais Profundo do 1010

Muitas pessoas, principalmente aquelas que trilham um caminho de cura, sentiram que não são o bastante, que lhes falta algo, ou que os outros têm algo que elas mesmas nunca conseguirão conquistar. A comparação é a separação da energia da Fonte. A carência é a separação do seu próprio eu divino. Deixar a mente questionar seu pensamento interno provoca uma desconexão da energia da Fonte, e o desconecta da sensação de ser completo e pleno. O número angélico 1010 é seu lembrete de que você não é separado. O Arcanjo Gabriel diz para pensar na conexão como um passeio de trem. Às vezes, existem assentos vazios no trem e você consegue ter um pouco mais de conforto na sua viagem. Em outros momentos, você precisa ficar de pé segurando no corrimão do trem ou em algum outro tipo de alça. Eles podem ser difíceis de segurar e muitas vezes você se vê incapaz de agarrá-los, soltando-os completamente. Nesse ponto, sente-se sem apoio e à mercê do movimento do trem. Seu nível de segurança e estabilidade terminam em alerta máximo e você se sente sozinho, enquanto é lançado de um lado para o outro pelo balanço e o movimento do trem que chamamos de vida. No entanto, o 1010 lembra que você sempre pode voltar a se apoiar na alça da Fonte. Você pode se reconectar com a energia que o criou e encontrar um assento vago.

Às vezes essa desconexão é temporária, em outras parece que dura sua vida inteira. A verdade é que o corrimão, a alça de mão e o apoio estão sempre lá. Você só precisa querer alcançá-los e agarrá-los. Os assentos também estão sempre lá. As pessoas que conseguiram pegar um assento não são mais sortudas do que você; elas só não questionam sua conexão. Acreditam que serão apoiadas e, portanto, são. Estão sintonizadas com a frequência do 1010 e acreditam que o Arcanjo Gabriel estará lá para sustentá-las. A diferença é a crença. O número angélico 1010 quer que você estenda sua mão, acredite no seu lugar na matriz universal, veja-se pleno e apoiado, além de compartilhando a viagem com todos os outros no trem. O número angélico 1010 quer que você faça isso com a compreensão de que todos querem a mesma coisa, isto é, chegar ao seu destino felizes e ilesos. Nunca duvide da questão de chegar ao seu destino inteiro porque você sempre vai. Quando vir o 1010, apenas pare por um momento, estenda sua mão e agarre no corrimão. Sinta a energia do Arcanjo Gabriel fluir por você enquanto você dobra seus dedos e cerra o punho em volta da mão do Divino. Respire fundo, devagar, e sinta-se pleno, completo e uno com a energia que o criou. Quando se sentir estável e seguro, solte e leve o braço de volta para baixo, e acredite que, depois de formar a conexão, você não precisa fazê-la de novo, a menos que realmente se sinta perdido, sozinho e à mercê da viagem que chamamos de vida.

O Anjo Gabriel

O Arcanjo Gabriel sempre aparece para mim na sua forma feminina, mas isso pode não ser como ela aparece para você. Gabriel, ou Gabbie, como costumo chamá-la, costuma aparecer quando está ligada a um dos meus clientes. De modo geral, ela é um anjo de cura e vem para auxiliar ou supervisionar uma cura que acontece nos meus clientes. Pode ser desde a cura de uma doença física até a cura da solidão, da depressão, dos problemas financeiros, do amor – seja o que for, Gabbie está lá para auxiliar no processo de cura. Ela faz isso por meio da reconexão ou de uma reunião. Gabbie explica nossa necessidade de cura da seguinte maneira: "Quando a pessoa sente que está separada, desconectada, ou sozinha, uma ferida se abre em seu corpo vibracional. Isso pode causar danos à aura e aos chacras. Esse ferimento, então, afeta também a mente e o corpo. Quando a pessoa é curada, tudo o que estamos fazendo na realidade é lembrar que ela não está separada e que não existe isso de você e eles, ou você e mim. Existe apenas nós. Tudo é um. Vem da mesma energia e voltará para a mesma energia". (Isso foi canalizado do Arcanjo Gabriel.)

Por isso o 1010 funciona tão bem com sua energia de cura. O número 1 é aquilo que vem do nada ou, mais precisamente, o ego, o "eu", que nasce do potencial ilimitado de tudo. Sem o 0 não existe 1 e, ainda assim, o 1 não existe sem primeiro ter vindo do nada. Isso significa que tudo aquilo que estiver fora de você veio de você, inclusive seu corpo e sua mente. Você é, ao mesmo tempo, o 0 e o 1. Ainda está confuso? Não se preocupe, você não está sozinho. Embora eu saiba disso, ainda parece bagunçar minha cabeça, mas isso é só porque o ego, o "eu", gosta de se ver como separado e seu próprio ser, ficando apartado do resto da criação. Entretanto, isso não é verdade, pois nunca estamos sozinhos ou separados. Mas a mente adora ouvir o ego. Ela adora acreditar que tem um sentido e um propósito separados de todos. Vi o resultado dessa linha de pensamento abrir espaço na minha maca de cura por repetidas vezes na última década. A tristeza, a confusão, a frustração, a raiva e a doença que essa linha de pensamento e de vida traz podem ser devastadoras.

A boa notícia é que não precisa ser assim, porque não é assim, e o Arcanjo Gabriel e o 1010 estão aqui para lembrar que você não está sozinho. Você não é separado. Você é uno com tudo ao seu redor, compartilha o mesmo coração, o mesmo sonho e a mesma visão de criação. Apenas porque pode parecer diferente no lado externo não quer dizer que vibra diferente. O contraste visual não é o mesmo que o contraste vibracional. Duas pessoas não compartilharão as mesmas ideias sobre o amor, mas isso não significa que elas não se empenhem nem desejem a mesma frequência que chamamos de amor. Duas pessoas não compartilharão a mesma ideia de alegria, mas isso não significa que as duas não vibrem a mesma frequência de alegria. Você vê aonde estamos indo com isso? Claro que sim. O Arcanjo Gabriel está aqui para lembrar que aquilo que você sente, o que sonha e o que deseja está no coração de todos os seres sencientes. Pode não parecer a mesma coisa, mas tudo vibra na mesma frequência. Nós somos um; diferentes, mas um. Todos viemos do zero e ao zero retornaremos. Todos viemos para a forma física viver pela energia do uno, e todos nós abandonaremos o uno e o físico e retornaremos ao zero. Estamos todos na mesma jornada e no mesmo caminho; escolhemos apenas trilhá-lo com nosso ritmo único. Quando conseguirmos entender isso de fato, curaremos essa ferida da separação e nos regozijaremos no nosso lugar na matriz universal.

Visualização/Meditação de Gabriel: Conecte-se com Sua Vida

Faça esta meditação em um lugar silencioso, onde não seja incomodado. Se sentir vontade, acenda uma vela verde-clara para curar o coração e a deixe acesa por toda a meditação. Lembre-se apenas de apagá-la quando terminar. Você pode gravar este roteiro e ouvi-lo para que possa fechar seus olhos ou pode, simplesmente, deixar os olhos abertos e ler as palavras. De qualquer forma, você se conectará com a energia e ela o beneficiará.

Faça o que for mais confortável.

Vamos começar

Se resolveu acender uma vela, faça isso agora. Depois, acomode-se em uma posição confortável, sente-se em uma cadeira apropriada, em uma pose de ioga ou até deitando-se. Apenas direcione sua mente para prestar atenção ao roteiro e fique alerta a toda e qualquer visão que tiver durante esta meditação. Inspire fundo e devagar pelo nariz e expire pela boca. Mais uma vez, inspire devagar e profundamente pelo nariz, sentindo a respiração atingir o fundo da sua garganta e encaminhar-se para seus pulmões. Expire pela boca aberta e sinta o ar enquanto você o expele do seu corpo. Concentre-se nesse exercício respiratório, deixando-o tão ritmado quanto puder com inspirações e expirações com a mesma duração, deixando seu corpo e sua respiração encontrarem seu fluxo natural. Enquanto continua a respirar, invoque o Arcanjo Gabriel. Peça para o anjo vir para sua energia, sua visão interna e para a sala junto a você.

Você pode notar Gabriel como homem, mulher, os dois ou até de gênero neutro. Apenas deixe os Gabriéis aparecerem na forma que acharem melhor para você, sua cura e para esta meditação. Mas não se preocupe se não notar uma figura nem sentir uma presença ao seu lado na sala. Gabriel está lá o apoiando, o atendendo e testemunhando seu pedido. Apenas relaxe e aprofunde a respiração, enquanto você se permite ser protegido e abraçado pela energia de Gabriel. Ao se abrir a esse ato de acolhimento, aprofunde-se ainda mais no momento e se abra um pouco mais, mantendo a respiração lenta, profunda e ritmada. Agora, leve à frente da sua mente a área da sua vida com a qual você tem dificuldade de se sentir conectado. Deve ser uma área da sua vida na qual você se sinta sozinho e separado. Faça seu melhor para não julgar, enquanto transfere seu foco para essa área da sua vida. Apenas a deixe vir à tona e retenha a visão ou o "sentimento" da melhor forma que conseguir. Depois de ter a visão ou a sensação dessa preocupação, deixe Gabriel mostrar para você onde estão os fios conectores.

Observe enquanto todos os fios que conectam essa área da sua vida a outras pessoas, lugares ou coisas se acendem. Apenas observe, não tente guiar a visão, a imagem ou a sensação. Em vez disso, foque a respiração, inspirando pelo nariz e expirando pela boca. Continue a observar até todos os fios se iluminarem. Veja como essa rede o conecta ao mundo ao seu redor. Foque realmente as pessoas e os lugares os quais esses fios conectam, pois essas são as pessoas que guardarão o espaço para você se sentir inteiro, completo e parte de algo maior. Mergulhe na sensação que tiver enquanto vê como vocês estão conectados e alinhados. Note a sensação, enquanto ela percorre seu corpo, e você percebe que está ao lado de muitos aqui e agora, neste instante, todos unidos por um fio, como um só. Fique com essa visão por quanto tempo sentir que for orientado a ficar. Deixe essa energia o envolver.

Quando sentir que a conexão afrouxou e essa parte da sua vida parece parte de você novamente, respire e, ao expirar, solte todos os fios. Observe enquanto todas as luzes se apagam. Note que você não se sente mais sozinho, separado ou desconectado porque, embora os fios não estejam mais iluminados, você sabe que eles estão lá. Sabe que faz parte de algo maior do que você mesmo. Sabe que está completo, alinhado e desempenhando seu papel no esquema supremo do Universo. Respire e libere quaisquer dúvidas persistentes que tiver sobre essa área da sua vida. Respire outra vez e veja Gabriel começar lentamente a partir. Agradeça ao arcanjo enquanto este desaparece, sabendo que, assim como os fios, os anjos estão lá, quer você os veja ou não. Concentre-se de novo na sua respiração, levando aos poucos seu foco de volta ao corpo e ao local onde está sentado. Quando se sentir alerta e pronto, abra seus olhos. Se puder, mantenha a vela acesa. Se não, apague-a e continue com seu dia.

Montagem de um Altar para 1010 e para o Arcanjo Gabriel

Uma das coisas mais difíceis para a maioria lembrar é que somos completos e plenos, não precisamos ser consertados e somos perfeitos exatamente do jeito que somos. Por isso, para este altar, você escreverá uma carta para si mesmo lembrando desse fato. Comece colocando seu nome no início da carta e, se você achar que não tem muita criatividade para redigi-la, acrescente apenas uma linha que diga: "Aqui está uma lista de coisas para me lembrar de que sou pleno, completo e uno aos olhos do(a) [Divino/Universo/Deus/Deusa]". Você pode elencar uns três itens ou quantos quiser. O número não é tão importante quanto a carta completa, que você então colocará no seu altar. Entre as outras coisas de que você precisará para seu altar estão uma imagem de Gabriel ou uma carta de oráculo com a imagem, uma vela branca para representar tudo se tornando um, 1010 escrito em um pedaço de papel branco, um pouco de sal, um punhado de terra, algumas penas e qualquer outra coisa que quiser colocar no altar.

Você pode também querer se sentar e compor uma oração ou intenção para Gabriel e o 1010. Pode ser, por exemplo: "Gabriel, quando eu titubear, lembre-me de quem sou. Sussurre no meu ouvido todas as formas nas quais sou completo e pleno. Lembre-me de que não sou quebrado e não preciso ser consertado. Compreendo que sou uma obra gloriosa em progresso, assim como o próprio Universo, pois sou feito de poeira estelar, o que me torna uno com o Universo, completo e pleno".

Depois de montar seu altar, recomendo borrifá-lo com *spray* de sálvia ou defumá-lo com a fumaça de um feixe de ervas. Isso limpará o espaço energética e mentalmente, e o preparará para sua oração. Depois de pegar suas ferramentas mágicas, purificar seu altar e preparar tudo, respire fundo algumas vezes, acenda uma vela e declare sua intenção em voz alta, começando com as palavras: "Invoco o Arcanjo Gabriel e o poder do 1010 a ouvir minha intenção, ajudar-me a realizá-la da forma mais holística. Que minha intenção seja para o meu bem maior e o bem de todo aquele que possa estar envolvido na sua realização". Então continue e leia sua intenção/oração: "Minha intenção/oração é...".

Para encerrar o ritual, você pode apagar a vela ou deixá-la acesa, se for seguro. Se resolver apagar sua vela, repita primeiro estas palavras: "Ao apagar esta vela, acredito que sua fumaça carrega minha intenção ao céu para ser manifestada pelo Universo. Estou pronto para receber meu pedido, que assim seja". Em seguida, apague a vela.

Tópicos para Escrita Automática

Depois de passar pela meditação e pela oração, você pode notar que sua conexão com Gabriel em suas muitas formas está mais aberta, pode perceber mensagens e informações começando a se manifestar ou passando por sua mente consciente. Elas podem vir na forma de palavras isoladas, frases ou até de um mero conhecimento interno. Se sentir vontade, pegue seu diário e aproveite essa conexão. Intitule sua página como: "Conversas com Gabriel e a Energia Vibracional Conhecida como 1010". Se estiver familiarizado com a escrita de um diário, comece a escrever, pois você saberá como sentir os toques de informação vindos do número 1010 e do Arcanjo Gabriel. Se fazer um diário for novidade para você, use os tópicos de escrita a seguir para iniciar o processo:

- Gabriel, como saberei quando você está por perto?
- Onde não estou me permitindo sentir mais conexão na minha vida cotidiana?
- Por que essa conexão é mais fácil com algumas pessoas na minha vida e não com outras?
- Como posso ficar mais ciente do meu lugar na minha família, na minha comunidade ou no meu local de trabalho?
- Como assimilar a energia do 1010 me ajuda hoje?

Você pode achar que só os tópicos já o colocam em um bom fluxo de escrita, e antes de perceber, foi além deles. Apenas se dedique ao processo, confie que Gabriel guia sua mão e não tente usar a lógica para entender o que aparecer no início.

Cristal Angélico: Cianita

A cianita é o cristal de referência para o equilíbrio e o alinhamento dos corpos mentais e espirituais, o que faz dela a pedra perfeita para codificar e aterrar a energia do 1010. O número angélico 1010 refere-se ao equilíbrio e a encontrar harmonia e plenitude em cada um dos momentos, reunindo as energias *yin* e *yang*. Isso é mais bem feito com um pingente de cianita, mas também funcionará com uma pedra de bolso, se você não quiser usar pingente. Para este exercício, precisará das seguintes ferramentas mágicas: um pingente ou pedra de bolso de cianita, uma caneta e papel.

No papel, escreva o maior número 1010 que conseguir. Coloque a cianita nele e ponha as duas mãos logo acima da sua pedra. Suas mãos não devem tocá-la, mas você pode sentir calor ou algum outro tipo de sensação física enquanto codifica a energia nela. Respire fundo e devagar algumas vezes e feche os olhos, se sentir vontade. Imagine a energia de Gabriel saindo das suas mãos para dentro da pedra. Veja essa energia se misturando com os números 1010 e carregando sua pedra. Continue a respirar e mantenha as mãos sobre a pedra até sentir que terminou.

Isso pode ocorrer quando você notar que a energia nas suas mãos para ou suas mãos esfriam, ou você pode sentir uma leve brisa soprando por suas mãos. De qualquer forma, você saberá quando for a hora de parar. Confie em seus instintos.

Depois de terminar, você pode dobrar o papel e colocá-lo no altar para Gabriel ou jogá-lo fora. Seu pingente está pronto para o uso ou sua pedra de bolso está pronta para ser carregada. Você pode descobrir que não precisa usá-la o tempo todo, apenas nos dias em que sentir a necessidade de se reconectar ou ficar equilibrado, ou quando se sentir fora de alinhamento. Seu pingente ou pedra de bolso o levará de volta ao centro e à plenitude.

Outros Números para Trabalhar com a Energia de Gabriel

- 1011 – Um bom líder sabe que, quando todos na equipe se sentem valorizados e plenos, toda a equipe vê o sucesso como uma conquista pessoal.
- 1012 – Não é que você se aproxima dos outros para se sentir pleno, é que, quando já está na frequência da plenitude, estará aberto a verdadeiramente ser uno com os demais.
- 1013 – Agora é hora de pensar em "nós", não em "mim", pois, quando nos vemos como todos, nos engajamos no mundo com compaixão e gentileza.
- 1014 – Estrutura, rotina e hábitos diários o deixarão equilibrado, aterrado e conectado. A magia está na natureza mundana da repetição.
- 1015 – Quando você sabe quem é, a mudança é algo que você celebra, pois entende que não importa o que virá no seu caminho, você conseguirá lidar.
- 1016 – A comunidade é uma extensão do eu. Quando você sente que está unificado com quem é, conseguirá auxiliar sua comunidade a se sentir feliz, saudável e plena.
- 1017 – Como o alinhamento é um trabalho interno, quando você se sentir desequilibrado, pare um instante, olhe em volta

e conte sete coisas que vê agora na sua frente. Isso o deixará equilibrado e presente no momento.

- 1018 – O dinheiro gosta de fluir e ficar em equilíbrio, o que significa que, se você quiser se sentir conectado com o fluxo da abundância, não se apegue às coisas materiais. Em vez disso, veja seu mundo material como completo e pleno.
- 1019 – Quando um ciclo se encerra, significa que você fechou o círculo. Um círculo fechado é inteiro. Agora algo chegou ao fim, e um ciclo está completo e inteiro. Está feito e é hora de seguir em frente.

1111 ~ Arcanjo Sandalfon

Faça um Pedido, o Universo Está Escutando

"Você vive em um universo amigável, e ele quer realizar todos os seus desejos. Então faça um pedido, acredite que ele foi ouvido, e saiba que ele está no seu caminho do modo mais perfeito e divino."

Significado mais Profundo do 1111

O Arcanjo Sandalfon quer que você entenda que o Universo está realmente conspirando sempre para seu bem maior, sem exceção. Não importa o que aconteça na sua vida agora, quando vir o número 1111, pare, esvazie sua mente e faça o pedido que está no seu coração. Seu coração é a chave para seus desejos, não sua cabeça, então não pense, sinta. Respire, conecte-se e deseje. O Arcanjo Sandalfon quer que você saiba que o que bate no seu coração, bate no Universo. É a parte mais estridente de quem você é, em se tratando de vibração, e esta é sua parte com a qual o Universo está sempre tentando alinhá-lo. O número angélico 1111 diz: "Tenha coragem, confie e solte esse desejo. Entregue-o aos anjos e deixe que eles o abençoem. Deixe a energia do 1111 levar para você o que está no seu coração e permita-se recebê-lo". Sandalfon sabe que isso pode parecer mais fácil de falar do que de fazer para alguns de vocês, principalmente quando sua mente pode estar lhe dizendo algo bem diferente. Sua mente pode deixá-lo desejar, mas pode fazer tudo o que puder para impedi-lo de receber. Ela pode tentar convencê-lo de que o desejo do seu coração é impossível, ou de que você não o merece, ou pode até tentar convencê-lo de que seu desejo precisa de alguma forma de pagamento. Nada disso é verdade, nada.

Você pede. Você recebe. É isso. É um processo simples de dois passos, nada mais, nada menos. Quando vir o 1111, coloque sua mão no coração e faça um pedido. Inspire a energia do 1111 e expire seu desejo direto nas mãos abertas do Arcanjo Sandalfon. Deixe-o tomar seu desejo e colocá-lo nas mãos daqueles que estão prontos e aguardando para criá-lo para você. Aposto que você nem sabia que existe uma equipe de seres vibracionais de prontidão para conceder seus desejos, sim, ela existe, e é seu trabalho realizar suas vontades, incluindo as esperanças e os sonhos que você guarda no coração, os desejos que pulsam dentro de si e aqueles que apenas os anjos conseguem ouvir e você consegue sentir.

Então, o que tem no seu coração?

Qual o seu desejo?

Dê uma voz a ele, e o deixe pulsar tão alto quanto conseguir da próxima vez que vir o 1111. Pulsar, pedir, liberar, dando vida aos seus desejos. Eles são simples, puros e divinos. Sandalfon diz que nenhum desejo é grande ou pequeno demais. Se ele estiver no seu coração, é perfeito de todas as formas, e ele está pronto e aguardando para ouvir o desejo que pulsa no seu coração.

O Anjo Sandalfon

A história original do Arcanjo Sandalfon tem similaridades com a de Metatron, pois ele também caminhou na Terra como ser humano e, por causa de suas boas ações terrenas, ganhou um papel divino como carteiro celestial. A esse respeito, dizem que ele entrega orações e desejos ao céu, e os coloca na caixa de entrada de Deus. Há até histórias de que Sandalfon era tão enorme, que seus pés ficavam plantados na Terra e sua cabeça ficava no céu. Minhas experiências pessoais com esse anjo não combinam tanto com essa imagem de gigante celestial, mas, devo admitir, ele é um carteiro fantástico. Sandalfon está sempre pronto e disposto a levar seu pedido aos reinos mais elevados, e a servir como uma ponte de comunicação entre a Terra e aquilo que podemos chamar de céu. Nesse sentido, Sandalfon tem um papel bem específico no local de trabalho celestial e pode ser ligado a outras divindades da comunicação, como Mercúrio ou Hermes, que ironicamente tinham asas nos sapatos. A ideia de um serviço postal celestial é muito legal, e nos permite realmente captar a energia vibracional de ver nossas mensagens sendo coletadas e entregues com amor a quem estiver encarregado de nos ajudar.

O número angélico 1111 é, em muitos aspectos, um lembrete de que as linhas estão abertas e agora seria a hora ideal de lançar seu pedido no vórtice. Todos nós precisamos ser lembrados de que podemos pedir ajuda. Com que frequência você se esquece de pedir ajuda ou apenas abrir sua boca e realmente pedir o que quer? O Arcanjo Sandalfon sabe que para muitos seres humanos isso não é algo que vem natural ou facilmente. Entretanto, ele é um lembrete de que se espera que façamos isso e de que há todo um time de seres celestiais apenas esperando para pegar seu pedido. Quanto mais você invoca Sandalfon e trabalha com o 1111, mais fácil será pedir, entregar, confiar e receber porque, no fim do dia, esta é a ordem na qual isso acontece. Você vê o 1111, envia seu pedido. Você o entrega carinhosamente nas mãos do Arcanjo Sandalfon e, então, confia que ele foi entregue ao departamento celestial apropriado. Agora, sente-se e espere receber seu pedido. Quais desejos você quer transmitir a Sandalfon?

Visualização/Meditação do Arcanjo Sandalfon: Faça um Pedido!

Os desejos podem nos causar uma contração, o que parece estranho de dizer. No entanto, muitas vezes temos tanta resistência ao que queremos que isso pode contrair nossa energia em até mesmo pensar em fazer um pedido. Durante esta meditação, você chamará o Arcanjo Sandalfon para ajudá-lo a permanecer aberto, quando você faz um pedido, enquanto também permite que a energia do 1111 atenue e libere toda a resistência que está retendo no seu campo de energia, na sua mente ou no seu corpo. Não existe um jeito certo ou errado de sentir a energia dos anjos. Você pode ter sensações no seu corpo, como calor, frio ou até como se algo ou alguém tocasse seu rosto e sua cabeça enquanto passa pelo roteiro de meditação. Pode até ver cores ou seus sentidos podem ficar mais aguçados. Você pode não sentir nada da primeira vez em que fizer isso, ou talvez até da segunda ou terceira. Saiba só que, independentemente do que acontece ou não com você, Sandalfon está lá ao seu lado e guardará um espaço sagrado para que explore o que aparecer durante seu tempo juntos. Faça esta meditação em um lugar silencioso, onde não seja incomodado. Se sentir vontade, pode acender uma vela de aniversário e deixá-la acesa durante a meditação, apagando-a quando terminar, assim como você faria quando faz um pedido diante do bolo do seu aniversário. Na verdade, se você quiser trazer o elemento da diversão, coloque sua vela em um bolinho e evoque as vibrações do aniversário. Quanto mais diversão e alegria puser nisso, mais fácil será ficar aberto e baixar sua resistência. Você pode gravar este roteiro e ouvi-lo para que possa fechar seus olhos ou pode, simplesmente, ficar de olhos abertos e ler as palavras. De qualquer forma, se conectará com a energia e ela o beneficiará.

Faça o que for mais confortável.

Vamos começar

Sente-se com conforto em uma cadeira, no chão ou na sua cama. Não importa onde você faz esta visualização, pois sua mente ficará alerta, focada e totalmente ocupada nesta prática de meditação guiada. Concentre-se na sua respiração, enquanto inspira profunda e lentamente pelo nariz, e expira devagar e de modo expressivo pela boca, devendo estender a respiração em profundidade e duração. Sinta o ar entrar pelo nariz e descer pela garganta, e, depois, sinta-o ser expelido pela boca. A cada respiração, você fica mais calmo e relaxado. Ao se aprofundar no exercício respiratório, note a gradual liberação de tensão em seus ombros e pescoço. Sinta sua lombar se soltar. Sinta até os arcos dos seus pés relaxarem e soltarem. Enquanto continua a respirar devagar e profundamente, note como seu corpo entra nesse belo estado de relaxamento e receptividade. Ao se aprofundar e relaxar ainda mais, invoque o Arcanjo Sandalfon, e peça-lhe que venha e fique ao seu lado neste espaço, aqui e agora. Você pode perceber na hora que o arcanjo entrou na sua energia, ou pode apenas ter uma noção de que ele está lá, pronto para ajudá-lo. De qualquer forma, só confie que ele estará lá para apoiá-lo durante esse processo.

Respire fundo e devagar novamente e relaxe ainda mais. Ao continuar o exercício de respiração e permanecer nessa energia receptiva e relaxada, leve à mente algo que deseja há muito tempo e algo que tenha tentado conquistar mais de uma vez, mas ainda não aconteceu. Enquanto leva esse desejo, esse pedido, à frente da sua mente, permita-se sentir todas as emoções que vêm com ele, incluindo as sensações de empolgação pelo desejo, de tristeza ou mágoa por ele ainda não ter se manifestado, ou até sensações de derrota ou de fracasso, porque, não importa quantas vezes você tentou, o desejo ainda precisa ser realizado. Apenas as deixe vir à tona. À medida que cada uma dessas sensações aparecer, veja-o formando pequenas bolas de gude. Quando as bolas se formarem completamente, coloque-as nas suas mãos e as entregue ao Arcanjo Sandalfon. Faça seu melhor para não julgar essas emoções como boas ou más, só as veja se transformando nessas lindas bolas de gude e você as entregando ao anjo, sabendo que Sandalfon cuidará de cada uma delas.

Continue formando essas bolas de gude até que não existam mais sentimentos carregados de emoção deixados ao redor do seu desejo. Você deve conseguir pensar no seu desejo sem se sentir preso, carregado ou provocado de qualquer forma. Quando isso acontece, agradeça ao Arcanjo Sandalfon por vir e auxiliá-lo em todo esse processo. Quando o arcanjo deixar sua energia, coloque seus dedos no terceiro olho, diga: "Eu imprimo e informo este desejo à minha mente com o poder do 1111". Pressione delicadamente o terceiro olho com as pontas dos dedos e fale: "Eu informo e imprimo este desejo na minha mente com o poder do 1111". Inspire fundo pelo nariz e expire pela boca, deixando-se balançar levemente. Balance de um lado ao outro enquanto termina de baixar a resistência, sacode a última poeira emocional dos seus ombros e do seu corpo. Quando você se sentir completo e confiante de que seu desejo está pronto para você realizá-lo finalmente, respire fundo mais uma vez. Leve seu foco de volta ao seu corpo e à sala. Respire fundo de novo, aterrando sua energia no corpo. Respire fundo uma última vez, abra seus olhos e apague sua vela.

Montagem de um Altar para 1111 e para o Arcanjo Sandalfon

Se você não tiver um pote dos desejos, agora é hora de conseguir um, pois esta será a melhor coisa para colocar no seu altar dos desejos. Seu pote pode parecer com qualquer coisa que você quiser, como uma lâmpada de gênio, um cálice, uma caixa de feitiços, uma taça ou talvez até um pequeno cofrinho. A única exigência é que você possa abastecê-lo com seus pedidos, que podem estar em pequenas tiras de papel ou *post-its*. Você também precisará colocar no seu altar uma foto de Sandalfon ou uma carta de oráculo com a imagem dele, uma vela dourada ou amarela para representar a abundância divina, o 1111 escrito em um pedaço de papel amarelo, um pouco de sal, um punhado de terra, algumas penas e qualquer outra coisa que você sentir que quer colocar no altar. Da mesma forma, vai querer se sentar e compor uma oração ou intenção a Sandalfon e ao 1111. Pode ser, por exemplo: "Sandalfon, eu o invoco para abençoar meu desejo, carregá-lo ao Divino e entregá-lo à pessoa responsável por realizá-lo".

Depois de montar seu altar, recomendo borrifá-lo com um *spray* de sálvia ou defumá-lo com a fumaça de um bastão com ervas da abundância. Esses bastões de ervas costumam ser compostos de alecrim, zimbro e casca de laranja. Essa fumaça não só purificará seu altar, como também dará o tom da energia da abundância para seu desejo. Depois de purificar, montar e preparar seu altar para suas orações, respire fundo algumas vezes, acenda sua vela e declare sua intenção em voz alta, começando com as palavras: "Eu invoco o Arcanjo Sandalfon e o poder do 1111 para ouvir minha intenção e ajudar-me a realizá-la da forma mais mágica. Que minha intenção seja pelo meu bem maior e o bem de todo aquele que possa estar envolvido em sua realização". Em seguida, leia sua intenção/oração: "Minha intenção/oração é...".

Para encerrar o ritual, você pode apagar a vela ou deixá-la acesa, se for seguro. Se resolver apagar sua vela, repita primeiro estas palavras: "Ao apagar esta vela, acredito que sua fumaça carrega minha intenção ao céu para ser manifestada pelo Universo. Estou pronto para receber meu pedido, que assim seja". Apague a vela.

Depois de fazer seu ritual dos desejos no seu altar, veja-se recebendo seu desejo. Visualize Sandalfon realizando seu pedido. Veja-se aberto e receptivo com um sorriso no rosto e ondas de gratidão no seu coração.

Tópicos para Escrita Automática

Após fazer sua oração, ou até mesmo depois de ter feito a visualização, você pode notar que Sandalfon lança todos os tipos de dicas, pistas e mensagens em torno do seu desejo. Eles podem vir na forma de palavras isoladas, frases ou até de um conhecimento interno. Se sentir vontade, pegue seu diário e aproveite essa conexão. Intitule sua página como: "Conversas com Sandalfon e a Energia Vibracional Conhecida como 1111". Se você estiver familiarizado com a escrita em diário, comece a escrever, pois você saberá como sentir os toques de informação vindos do número 1111 e do Arcanjo Sandalfon. Se fazer um diário for novidade para você, tente usar os tópicos para escrita a seguir para iniciar o processo:

- Sandalfon, como saberei quando você está por perto e que sinais você me deixará?
- Onde acontecem milagres na minha vida que eu possa não perceber?
- Por que tive dificuldades no passado de me conectar com os milagres na minha vida cotidiana?
- Como posso ficar mais ciente da forma com a qual crio milagres com minha família, meus colegas de trabalho ou meu parceiro?
- Como assimilar a energia de 1111 me ajudará hoje?

Use seu diário para manter um registro de trabalho com todas as dicas, os toques e os sinais que Sandalfon deixar para você. Nunca se sabe quando um deles pode ser a chave para outro desejo! Quanto mais eu trabalho com Sandalfon e liberto, mais ele gosta de indicar o que mais oferece se eu for corajosa o bastante para pedir de novo. Então, comece a se abrir, mantenha a escrita automática e deixe os desejos rolarem.

Cristal Angélico: Pedra da Lua

Fazer um pedido é semelhante a pedir por um novo começo. Os pedidos trazem energia nova. Eles abrem portas que achávamos estar lacradas ou fechada e trazem consigo potencial para possibilidades desconhecidas. Essa nova energia gera todos os tipos de novidades na nossa vida, o que faz da pedra da lua a pedra perfeita para aterrar a energia do 1111. Ela o ajudará a se conectar mais profundamente com as dicas intuitivas e os sinais que o Arcanjo Sandalfon trará para sua vida. Ela também o auxiliará a confiar que o que está se desenrolando faz parte da manifestação do seu pedido no reino físico. Para carregar sua pedra da lua e recodificá-la com a frequência do 1111, você precisará das seguintes ferramentas mágicas: uma pedra da lua que caiba no seu bolso, um pedaço de papel, uma caneta, uma fita ou um elástico, uma vela branca ou azul-clara para foco e comunicação e uma foto que represente seu pedido atual. Pode ser uma impressão da sua página no Pinterest, uma série de imagens coladas em um quadro de humor ou uma foto única. Depois de reunir todas as suas ferramentas mágicas, você vai querer consultar seu calendário de fases lunares. Para essa ativação, precisa escolher uma fase da lua que pareça certa para você. É aí que terá de confiar nos seus instintos, o que é parte integrante da frequência do 1111, para falar a verdade.

Depois de selecionar sob qual fase lunar você ativará sua pedra da lua, é hora de preparar suas ferramentas mágicas e arrumar seu altar a Sandalfon para seu ritual. No seu pedaço de papel, escreva seu desejo com o máximo possível de detalhes no centro do papel. Você pode começar com: "1111 e Arcanjo Sandalfon, estou fazendo o seguinte pedido...". Coloque seu desejo. Agora, desenhe um grande coração em volta do seu pedido e, em volta do coração, escreva quantos 1111 puder. Deve ter pelo menos uns 11 no papel ou em volta do coração. Em seguida, coloque a imagem do seu desejo no centro e ponha sua pedra da lua em cima dele. Dobre o papel em volta da sua pedra, fazendo um pacotinho. Você pode fechá-lo com fita ou um elástico. Você decide.

A seguir, você colocará isso no seu altar a Sandalfon com a vela. Se sentir vontade de adicionar outros itens ao seu altar antes de começar a carregar o cristal, faça isso. Esse é seu espaço sagrado, você pode arrumá-lo como quiser. Lembre-se de só começar este ritual depois do pôr do sol e de a lua aparecer. Ou então você pode fazer isso bem cedo pela manhã, quando a lua ainda estiver alta no céu, antes do nascer do sol. Agora você tem sua lua, seu altar e sua pedra da lua embrulhada e pronta para começar. Vá em frente e acenda sua vela. Sente-se e coloque a mão no coração, e respire fundo e devagar algumas vezes, enquanto observa a chama dançar. Quando se sentir calmo e totalmente presente no momento, repita este roteiro simples:

Sob o poder da lua coloco minha pedra
Para carregar sua energia e ouvir meu chamado.
O poder do 1111 preenche esta pedra,
Codificando suas camadas e a fortalecendo.
Quando esta vela apagar, sei que terminado estará.
Desejos realizados e energia renovada,
Das asas dos anjos, da lua para mim.
O que está escrito e abençoado acontecerá.

Agora, deixe sua vela arder pelo tempo que for seguro fazer isso. Se não for, então, apague-a, mas faça seu melhor para deixá-la acesa pelo maior tempo possível. Deixe sua pedra no altar até a fase lunar estar completa; normalmente isso leva uns dois dias e meio. Então desembrulhe a pedra e comece a carregá-la consigo até seu desejo se realizar. Você pode grudar o papel e sua foto na porta da geladeira ou em um mural, para que possa ter lembretes pela casa, ou pode colocá-los também no seu pote dos desejos no seu altar, retirando-os assim que o desejo estiver realizado. Quando isso acontecer, você vai querer limpar a pedra da lua usando um pouco de sálvia ou palo santo, ou deixando-a sobre um bloco de sal. Então ela estará pronta para ser codificada com seu próximo pedido.

Outros Números para Trabalhar com a Energia de Sandalfon

- 1110 – Os desejos são ilimitados e exemplos deles não faltam. Quando vir este número, será lembrado de que nunca se pode ter desejos demais. Nunca se pode pedir demais. Apenas siga seu coração e dispare seus desejos no universo.
- 1112 – Faça um pedido para seu(sua) esposo(a), parceiro(a) romântico(a) ou sócio. Compartilhar seus desejos com seus entes queridos amplificará sua energia e poder.
- 1113 – É hora de aumentar a diversão com seu poder de desejar. Pense em algo que seja divertido, empolgante e para o qual você iria querer convidar todos os seus amigos para se divertirem. Esse desejo está entranhado nas batidas do seu coração. Liberte-o e relaxe.
- 1114 – Às vezes, é bom fazer pequenos pedidos – pedidos simples e mundanos que significam algo apenas para você. Nem tudo na sua vida necessita ser um grande gesto. Às vezes, a quantidade exata de magia só precisa ser pequena e simples para levar um sorriso ao seu rosto e deixá-lo com a corda toda.
- 1115 – Os desejos trazem mudanças com eles. Goste ou não, os desejos que você transmite têm mudanças embutidas neles. Então, quando vir este número, saiba que você tem o poder de pedir especificamente pela mudança que quer ver na sua vida, no seu dia, na sua comunidade e no seu mundo.
- 1116 – Seu coração sabe o que você realmente quer. Os pedidos sabe quais são seus anseios e suas necessidades. Quando você se depara com este número no seu dia, deixe seu coração fazer um pedido por algo que sabe que você precisa.
- 1117 – Os desejos costumam trazer lições com eles. Os pedidos não aparecem sem algo desconhecido e algo a aprender. Isso significa que há alguma coisa para você descobrir em um dos seus desejos que não conhecia antes. Fique atento hoje a novas informações, novas ideias e novas lições se manifestando com um desejo realizado.

- 1118 – Um de seus desejos está prestes a se manifestar no mundo das coisas físicas, o que significa que você deve se preparar para esta chegada. Abra espaço para ele aparecer, tire todas as dúvidas da sua mente e afaste o medo persistente que você possa ter de todas as coisas desconhecidas que este desejo trará com ele.
- 1119 – Os desejos podem levar as coisas a um fim. Eles podem levar ao fim de um ciclo, ao fim de uma fase ou até mesmo ao fim de uma jornada. Algo na sua vida está chegando ao fim, e é apenas o pedido do seu coração para você seguir em frente até algo mais expansivo e alegre.

1212 ~ Arcanjo Zadikiel

Use a Apreciação para Expandir até a Ascensão

> "A apreciação muda sua energia e o alinha com as frequências da abundância. Quanto mais encontrarmos para apreciar, mais manifestaremos de um lugar de consciência elevada."

Significado Mais Profundo do 1212

O número angélico 1212 quer que você se conecte com o momento, com onde você está de pé, sentado ou deitado agora, enquanto lê isto. Aqui é onde a magia acontece, no momento em que você está. O Arcanjo Zadikiel quer que você se aterre no presente, pare e leve seu foco e atenção a tudo o que torna este instante, este segundo, tudo o que ele é. O que teve de conspirar ao seu favor para fazer este momento acontecer? Muitas vezes nos vemos tão presos no nosso passado, ou imersos em todo o potencial do futuro, que esquecemos que o caminho rápido para a expansão e a ascensão está no aqui e agora. O número angélico 1212 é esse lembrete. É o sinal de que você precisa parar, olhar em volta, reconhecer onde está e reivindicar tudo o que pode apreciar no momento presente. Enquanto olha ao redor, diga em voz alta o que você pode reivindicar. Aprecie sua respiração, seu corpo, seu cérebro funcional, as roupas que protegem sua pele, o alimento que fornece o combustível para seu receptáculo físico, assim como o corpo que move e cria dinamismo.

Zadikiel diz respeito ao aqui e agora, e sobre o que é e o que você tem, pois ele sabe que este número é o caminho mais rápido ao que você quer, do que precisa e deseja. Ele também entende que você não pode associar a palavra "rebuliço" com algo criativo e bom, mas qualquer coisa que faz seu sangue correr, ocupa todo o seu ser e provoca seu desejo por dinamismo é loucamente divino. Nesse contexto, o rebuliço é usado de uma forma para entusiasmá-lo e deixá-lo empolgado com sua vida. O número angélico 1212 quer acender um fogo dentro de você, se quer que levante e se mexa. Ele quer colocá-lo a toda a velocidade, e faz isso onde você está e com o que tem à disposição agora. A promessa do futuro está ao seu redor. A poeira do passado precisa ser sacudida e limpada. Tudo isso precisa de movimento, requer ação e necessita de um rebuliço. A melhor forma de entrar na energia que o número 1212 quer que você crie é apenas começar a listar o que está no seu campo de visão. Diga: "Eu aprecio...", então comece a listar itens que pode ver. Quanto mais você se envolver em nomear as coisas para apreciar, mais coisas encontrará ao seu redor para admirar.

Antes de perceber, você terá criado um vórtice de energia tão forte que notará uma mudança física no seu corpo, e sua mente de repente passará a buscar ainda mais coisas para apreciar. Você estimulará partes do seu cérebro que ficarão com uma necessidade desesperada de encontrar cada vez mais pensamentos e sensações de agradecimento aos quais se conectar. É assim que você desenvolve um dinamismo e cria um rebuliço de agradecimento. Essa é a magia do 1212, e esse é o dom que o Arcanjo Zadikiel quer trazer para sua vida.

O Anjo Zadikiel

Quando conheci Zadikiel, ele estava na forma de um urso e tinha o nome de Zeke, que é como eu ainda o chamo. O urso era o guia de uma das minhas amigas, que, aliás, não fazia ideia de que seu urso era um anjo. Essa percepção veio muito, mas muito, depois. Ainda me lembro de quase fazer xixi de tanto rir quando ela finalmente juntou a com b. Zeke trabalha com minha amiga em forma de urso como terapeuta, algo que normalmente não associamos com a energia de Zadikiel. Honestamente, a apreciação é para lá de curativa. Quando estamos no fluxo da apreciação, todo o nosso corpo radiante muda, brilha e ilumina a sala. Em outras palavras, nossa energia vital fica toda empolgada. O fato de Zadikiel, ou Zeke, como o chamamos na nossa casa, conseguir mudar de forma, e até preferir se metamorfosear, mostra como a energia de apreciação pode ser. Ela transmuta e muda a energia literalmente dentro de nós e ao nosso redor, o que faz da arte de apreciação um superpoder metamorfoseador.

Zeke costuma ser chamado de "anjo da liberdade e da misericórdia", é dotado da habilidade de abençoar aqueles que pedem pela misericórdia e pelo perdão de Deus. Isso o alinha com a habilidade de aliviar o sofrimento da pessoa. De maneira curiosa, os rebuliços de apreciação fazem exatamente a mesma coisa. Eles o tiram da energia do sofrimento e o elevam para a energia da liberdade, da força e do poder. Quando os pesados grilhões da dor, da dúvida e da tristeza são quebrados, a pessoa se sente mais leve e cheia de vida. É isso que no trabalho de energia chamamos de expansão, em oposição à contração. Mais emoções, pensamentos e comportamentos negativos têm um efeito contrátil na aura e nos corpos energéticos de uma pessoa. Quando invocamos Zeke, ele nos ajuda a desenrolar e a nos expandirmos devagar, com suavidade e carinho. Ele faz tudo isso por meio do poder do 1212 e da arte da apreciação. Isso é um remédio mágico para nosso corpo, mente e espírito. Portanto, não importa de que forma Zeke aparece para você, saiba apenas que ele está aí para metamorfosear suas vibrações. Ele lava as mãos e os braços e está pronto para lhe dar um novo brilho, que começa pelo lado de dentro. Esse tratamento é totalmente sem dor e livre de medicamentos. Você só precisa começar a listar as coisas que aprecia. Apenas uma ideia, mas talvez comece com Zeke.

Visualização/Meditação de Zadikiel: Alinhamento com as Vibrações de Apreciação

Esta meditação foi criada para ajudá-lo a se alinhar com a frequência da apreciação. Quanto mais você fizer esta meditação, mais alinhado ficará com a frequência vibracional da apreciação. Veja bem, a apreciação não é algo que você faz de vez em quando; é um vórtice de energia, uma roda de fiar de energia vibracional na qual você pode viver o tempo todo. Faça esta meditação em algum lugar silencioso, onde não seja incomodado. Se sentir vontade, acenda uma vela roxa para conectar seus chacras do terceiro olho e coronário, e deixe-a acesa por toda a meditação. Lembre-se apenas de apagá-la quando terminar. Você pode gravar este roteiro e ouvi-lo para poder fechar seus olhos, ou pode simplesmente ficar de olhos abertos e ler as palavras. De qualquer forma, você se conectará com a energia e ela o beneficiará.

Faça o que for mais confortável.

Vamos começar

Comece encontrando e ajustando sua postura de ioga relaxante, ou sentando-se em uma poltrona confortável, e foque apenas a sua respiração, inspirando pelo nariz e expirando pela boca. A cada respiração, deixe seu corpo relaxar. Solte os ombros, sentindo a tensão sair da nuca, e deixe uma onda de relaxamento inundá-lo do topo da sua cabeça à ponta dos seus pés. Enquanto continua a inspirar e expirar, deixando a onda relaxante de energia inundá-lo, você pode sentir vontade de fechar seus olhos, e entrar cada vez mais neste espaço calmo e sereno. Enquanto inspira e expira, continue a deixar esta onda de relaxamento fluir sobre você. Quando você se sentir tão relaxado quanto puder, chame a energia do Arcanjo Zadikiel. Peça para ele se aproximar na forma que desejar. Apenas permaneça aberto a sentir sua presença ao seu lado, deixando sua energia entrar nessa onda de energia relaxada. Sinta a energia que emana do topo da sua cabeça às pontas dos seus pés, enquanto ela se torna impregnada do amor, do apoio e da orientação de Zadikiel.

Conforme respira e autoriza a entrada do Arcanjo Zadikiel no seu campo de energia, conceda-lhe permissão para impregnar sua aura, enquanto você coloca os dedos na sua testa entre suas sobrancelhas, no terceiro olho. Com muita delicadeza, pressione esse ponto enquanto diz as seguintes intenções:

Sou a frequência da apreciação.

Pressione e respire.

Estou cercado pela frequência da apreciação.

Pressione delicadamente, inspire e expire, imprimindo essas intenções na sua mente por meio do terceiro olho.

A frequência da apreciação flui por mim e ao meu redor.
A frequência da apreciação perpassa todos os aspectos da minha vida.

Imprima e respire.

Inspiro esta frequência de apreciação, e expiro essa frequência.
Sou a frequência da apreciação, eu sou.

Inspire, expire e pressione isso na sua mente. Imprima essa energia de apreciação bem fundo na sua consciência.

Inspire, expire, imprima a energia do Arcanjo Zadikiel na sua mente, na sua vibração e bem fundo na sua consciência.

Respire.

Tire os dedos do terceiro olho devagar, dando para si mesmo um momento para permanecer nessa linda energia relaxada, enquanto você sente essa frequência da apreciação, essa nova energia angélica, se tornar parte de sua aura e do seu ser vibracional. Enquanto você continua a inspirar e expirar essa frequência vibracional de apreciação no seu corpo, agradeça ao Arcanjo Zadikiel por estar ao seu lado hoje. Saiba, sem dúvida, que, conforme você leva seu foco de volta à sala e ao seu corpo, a energia dele agora é impressa na sua mente, no seu corpo, na sua aura e no seu campo vibracional. Em todo lugar que você for e tudo o que fizer estará impregnado com essa frequência de apreciação e a energia dos arcanjos.

Dê a si mesmo um tempo para se tornar totalmente ciente, presente e focado. Não tenha pressa de abrir os olhos e prepare-se para o restante do seu dia ou para sua noite de sono.

Montagem de um Altar para 1212 e para o Arcanjo Zadikiel

A apreciação é uma dessas coisas que acontecem no momento. É a energia do aqui e agora, e seu altar deve representar isso. Embora se assemelhe à gratidão e às bênçãos, a apreciação é mais uma energia de homenagem. Quando queremos homenagear como algo é, nós apreciamos. Então, o que você quer homenagear com o Arcanjo Zadikiel? Poderia ser uma pessoa na sua vida, um lugar que o faz se sentir vivo ou um trabalho que você adora. Pegue alguns itens que representem o que quer homenagear. Você pode querer até fazer um pequeno mural de visão ou de humor para representar o que está homenageando. Depois de terminar, coloque-o no seu altar. Entre as outras coisas que você precisará para seu altar estão uma imagem de Zadikiel ou uma carta de oráculo com esse arcanjo, uma vela rosa para o chacra cardíaco, 1212 escrito em um pedaço de papel rosa, um pouco de sal para proteção, um punhado de terra para aterrar sua oração, algumas penas para os anjos e qualquer outra coisa que desejar colocar no altar. Você também vai querer se sentar e compor uma oração ou intenção a Zadikiel e ao 1212. Pode ser algo como, por exemplo: "Zadikiel, eu coloco estes itens no meu altar como uma forma de apreciação pelo que tenho na minha vida. Homenageio esta pessoa, este lugar ou esta coisa agora, neste instante, como eles são e por como eles fazem me sentir aqui, agora. Obrigado, Zadikiel, por me oferecer este espaço sagrado para homenagear aquilo que está bem na minha frente".

Depois de preparar o altar, recomendo fazer uma purificação rápida com a fumaça de um feixe de ervas ou algum *spray* de limpeza feito com óleos essenciais. Essa purificação faz parte da sua magia do altar e dá o tom do seu ritual de apreciação. Quando o altar estiver pronto, respire fundo algumas vezes, acenda a vela e declare sua intenção em voz alta, começando com as palavras: "Eu invoco o Arcanjo Zadikiel e o poder do 1212 para ouvir minha intenção, me ajudar a realizá-la da forma mais abençoada. Que minha intenção seja para o meu bem maior e o bem de todo aquele que possa estar envolvido na realização dessa intenção". Então, continue e leia sua intenção/oração: "Minha intenção/oração é...".

Para encerrar o ritual, você pode apagar a vela ou deixá-la acesa, se for seguro. Se resolver apagar sua vela, repita primeiro estas palavras: "Enquanto apago esta vela, acredito que sua fumaça carrega minha intenção para o céu para ser manifestada pelo Universo. Estou pronto para receber meu pedido, que assim seja". Apague a vela.

Tópicos para Escrita Automática

Agora que você teve tempo para se conectar com o Arcanjo Zadikiel por todo este capítulo por meio da meditação e da oração, pode notar que está começando a ver evidências da energia de Zeke ao seu redor. Você pode sentir toques, ouvir sussurros, ou apenas notar dicas e toques dos anjos. As mensagens estão entrando e esperando para você se ocupar delas. Essas mensagens podem vir na forma de palavras isoladas, frases ou até de um mero conhecimento interno. Para aproveitar essa conexão que você está estabelecendo com o Arcanjo Zadikiel, pegue seu diário e comece a mergulhar na escrita automática. Intitule sua página como: "Conversas com Zadikiel e a Energia Vibracional Conhecida como 1212". Se estiver familiarizado com a escrita de diário, comece a escrever, pois você saberá como sentir os toques de informação vindos do número 1212 e do Arcanjo Zadikiel. Se fazer um diário for novidade para você, tente usar os tópicos de escrita a seguir para iniciar com o processo:

- Zadikiel, como saberei quando você estiver por perto?
- Por onde eu deveria começar meu rebuliço de apreciação hoje?
- Por que tive dificuldades no passado para trazer a energia de apreciação para minha vida?

- Como posso usar suas habilidades de metamorfose para transformar qualquer medo e resistência que tenho acerca de apreciar minha vida e tudo que há nela?
- Como assimilar a energia do 1212 me ajudará hoje?

Você pode ver que somente os tópicos já o colocam em um bom fluxo de escrita e, antes de perceber, você foi além deles. Apenas se dedique ao processo, acredite que Zadikiel guia sua mão, e não tente usar a lógica para entender o que aparece no começo.

Cristal Angélico: Larimar

Esse lindo e quase angelical cristal azul ajuda a abrir o chacra laríngeo, enquanto atrai a energia do seu coração. Dizem que ele traz uma sensação de paz, calma, alegria e compaixão quando o seguramos ou o usamos. Isso faz dele a pedra perfeita para trabalhar, enquanto você aprende a expressar o amor que tem por sua vida e, com esse discurso, abre-se o caminho para a ascensão da apreciação, o que, por sua vez, faz dessa pedra o cristal ideal para aterrar a energia do 1212 e do Arcanjo Zadikiel. Para codificar seu cristal para a frequência do número 1212 e impregnar a energia do arcanjo nele, você precisará das seguintes ferramentas mágicas: uma caneta, um cristal larimar que caiba no bolso, fotos de pessoas, animais ou coisas que você aprecie, uma fita ou um elástico e uma vela branca (uma vela para *réchaud* serve muito bem). Você também precisará pegar um calendário e descobrir quando é o próximo primeiro dia de quarto crescente, pois você deve codificar seu cristal quando a lua está em equilíbrio, mas ainda crescendo. Essa energia equilibrada, mas ainda em expansão, é parte da energia de apreciação 1212 que você quer impregnar no seu cristal.

Depois de juntar todas as suas ferramentas mágicas e saber quando é o próximo primeiro dia de quarto crescente, pegue papel e caneta e desenhe um coração tão grande quanto o papel. Dentro do coração, escreva 1212 e então coloque suas fotos em cima, pondo o cristal no centro. Agora, embrulhe-o em um pequeno pacote bem feito e segure-o com uma fita ou o elástico. Leve isso ao seu altar a Zadikiel, ou qualquer outro altar que sentir vontade, e acenda sua vela. Após acender a vela, coloque a mão sobre o coração e respire fundo e devagar algumas vezes, inspirando pelo nariz e expirando pela boca. Use o exercício respiratório como uma forma de sintonizar e conectar seu corpo e sua mente ao momento. Quando se sentir focado e centrado, chame o arcanjo e peça para ele usar o poder do primeiro dia do quarto crescente para codificar a frequência do 1212 e da apreciação no seu cristal. Você pode usar uma oração, uma afirmação ou escrever uma intenção, se sentir vontade, mas isso não é necessário. Permaneça na energia pelo tempo que achar indispensável, mas não menos do que dois minutos. Se possível, deixe a vela queimar por inteiro e o cristal no altar por mais 48 horas. Depois de pronto, desembrulhe e carregue-o no bolso, no sutiã ou coloque-o na bolsa. Se, no entanto, você energizou um pingente ou um bracelete, pode usá-lo agora como um lembrete para apreciar cada um dos momentos do seu dia, sabendo que você tem a habilidade de metamorfosear sua energia, seus pensamentos, seus sentimentos e sua vida.

Outros Números para Trabalhar com a Energia de Zadikiel

- 1210 – É hora de apreciar a maravilha de todas as possibilidades desconhecidas da sua vida. Há tanto potencial armazenado ao seu redor agora. Manifeste-o e deixe-o existir.
- 1211 – Dê a si mesmo permissão para contar vantagem hoje. Faça uma lista das coisas que fez bem nesta semana, incluindo as grandes e pequenas vitórias, além de lugares nos quais você deu um passo à frente e deixou transparecer o ato da apreciação.
- 1213 – É hora de lançar seus discursos de apreciação nos seus amigos, pois alguém na sua vida precisa saber como é importante para você e o quanto você aprecia ter essa pessoa orbitando ao seu redor.
- 1214 – Agora é hora de criar uma poupança. Use-a para guardar seu troco e deixá-lo ser uma das formas pelas quais você demonstra sua apreciação por estar sempre cercado de abundância. Se já

tiver uma, cumprimente-se por ser tão incrível com sua energia de manifestação.

- 1215 – Atos de apreciação causam mudança. Olhe ao redor, pois você não mudou só a si mesmo, como também a energia do mundo imediato ao seu redor.
- 1216 – Sua família precisa saber o quanto você a aprecia. Encontre um modo hoje de homenagear sua família, seja ela biológica, seja a escolhida por você e deixe todos absorverem as vibrações de apreciação.
- 1217 – Alegre-se com seu conhecimento e sabedoria hoje. Não importa o quanto você conquistou, isso lhe serviu bem. Faça um rebuliço de apreciação por seu cérebro, seu conhecimento e sua experiência.
- 1218 – Não importam as circunstâncias, há algo físico na sua vida que você aprecia profundamente. Pode ser algo pequeno ou grande. Não importa o que é. Escreva para isso uma canção de amor, mande um beijo e permita-se se perder na sua apreciação por isso.
- 1219 – Há muitas coisas para apreciar quando algo chega ao fim. Encontre-o hoje e atenha-se a isso, em vez de deixar sua mente se prender ao que foi deixado para trás.

Conclusão

Ao longo deste livro, você foi apresentado a 13 arcanjos. Entrou em uma jornada com eles e os convidou para sua vida, mas não precisa parar de trabalhar com os anjos depois de terminar esta obra. Espero que você forme um laço com pelo menos um dos anjos com os quais trabalhou e que mantenha um dos altares montados na sua casa e aprenda a chamar esse anjo para apoiá-lo e guiá-lo. Seja se tornando seu companheiro de meditação, seja seu espaço sagrado para oração, o anjo ou os anjos com os quais você criou laços neste livro querem ajudar. Eles desejam fazer parte de sua alegria, felicidade, saúde e de seu bem-estar. Querem amá-lo, inundá-lo com milagres e abençoá-lo todos os dias. No entanto, eles só podem fazer isso se você permitir. Este livro não é apenas uma introdução; também é um convite dos anjos para passar mais tempo com eles, um lembrete de que estão lá consigo o tempo todo e não querem nada além de servi-lo. Antes de você guardar este livro de volta na sua estante, envie um pedido de resposta aos anjos ou ao anjo de sua escolha e os avise que você os recebe na sua vida, assim como aceita sua oferta de assistência, bênçãos e energia vibracional.

Bem, meu caro, nosso tempo juntos chegou ao fim. Os anjos e eu agradecemos a você por passar esse tempo conosco e queremos que saiba que estamos sempre felizes em nos conectarmos com você. Também adoraríamos vê-lo em um dos nossos eventos presenciais de canalização dos anjos. Apenas peça para entrar para o nosso grupo no Facebook: Quantum Wealth Collective for Luxe Goddess Entrepreneurs, pois adoraríamos ficar conectados. Até lá, que você caminhe com os anjos e crie milagres a cada passo que der.

Que assim seja.

Abençoado seja.

MADRAS® Editora — CADASTRO/MALA DIRETA

Envie este cadastro preenchido e passará a receber informações dos nossos lançamentos, nas áreas que determinar.

Nome _____
RG _____ CPF _____
Endereço Residencial _____
Bairro _____ Cidade _____ Estado ____
CEP _____ Fone _____
E-mail _____
Sexo ❏ Fem. ❏ Masc.   Nascimento _____
Profissão _____ Escolaridade (Nível/Curso) _____

Você compra livros:
❏ livrarias   ❏ feiras   ❏ telefone   ❏ Sedex livro (reembolso postal mais rápido)
❏ outros: _____

Quais os tipos de literatura que você lê:
❏ Jurídicos   ❏ Pedagogia   ❏ Business   ❏ Romances/espíritas
❏ Esoterismo ❏ Psicologia ❏ Saúde   ❏ Espíritas/doutrinas
❏ Bruxaria   ❏ Autoajuda   ❏ Maçonaria ❏ Outros:

Qual a sua opinião a respeito desta obra? _____
_____

Indique amigos que gostariam de receber MALA DIRETA:
Nome _____
Endereço Residencial _____
Bairro _____ Cidade _____ CEP _____

Nome do livro adquirido: <u>Numerologia dos Anjos</u>

Para receber catálogos, lista de preços e outras informações, escreva para:

MADRAS EDITORA LTDA.
Rua Paulo Gonçalves, 88 – Santana – 02403-020 – São Paulo/SP
Caixa Postal 12183 – CEP 02013-970 – SP
Tel.: (11) 2281-5555 – Fax.:(11) 2959-3090
www.madras.com.br

MADRAS®
Editora

Para mais informações sobre a Madras Editora,
sua história no mercado editorial
e seu catálogo de títulos publicados:

Entre e cadastre-se no site:

www.madras.com.br

Para mensagens, parcerias, sugestões e dúvidas, mande-nos um e-mail:

marketing@madras.com.br

SAIBA MAIS

Saiba mais sobre nossos lançamentos,
autores e eventos seguindo-nos no facebook e twitter:

@madrased

/madraseditora